历史教学与立德树人培养研究

禚昌才　著

台海出版社

图书在版编目（ＣＩＰ）数据

历史教学与立德树人培养研究 / 禚昌才著. -- 北京 ：
台海出版社, 2024. 8. -- ISBN 978-7-5168-3956-0

Ⅰ. G633.512

中国国家版本馆CIP数据核字第2024MC9232号

历史教学与立德树人培养研究

著　　者：禚昌才

责任编辑：赵旭雯

出版发行：台海出版社

地　　址：北京市东城区景山东街20号　　　邮政编码：100009

电　　话：010-64041652（发行，邮购）

传　　真：010-84045799（总编室）

网　　址：www.taimeng.org.cn/thcbs/default.htm

E－mail：thcbs@126.com

经　　销：全国各地新华书店

印　　刷：三河市中晟雅豪印务有限公司

本书如有破损、缺页、装订错误，请与本社联系调换

开　　本：710毫米×1000毫米　　　1/16

字　　数：140千字　　　　　　　　印　　张：8.25

版　　次：2024年8月第1版　　　　印　　次：2024年10月第1次印刷

书　　号：ISBN 978-7-5168-3956-0

定　　价：68.00元

目录

第一部分　历史教学与立德树人培养

第二部分　历史教学问题研究

第三部分　学科素养与教材、教法研究

历史教学与
立德树人培养

第一篇　新文化运动

01

💡 设计意图

新文化运动是中国思想解放运动的一座丰碑。它引领思想解放，在新与旧的历史碰撞中，用民主与科学奏响了思想启蒙的豪迈战歌，探索救国，在黑暗与光明的冲突里，一群先进的知识分子用年轻的肩膀撑起民族的脊梁。本课的设计意在彰显核心素养，重在立德树人和家国情怀的培养，感悟近代的先进知识分子敢于担当、积极探索，担负起思想救国之精神，启迪青年学生传承爱国主义精神，树立有担当、有作为的历史责任感。

💡 学习目标

1. 了解陈独秀、胡适等新文化运动的代表人物及其思想主张，认识他们在新文化运动中的重要作用。

2. 分析认识新文化运动在中国近代思想解放运动中的地位和作用。

💡 导入新课

通过播放李鸿章、左宗棠、康有为、梁启超、孙中山等人的事迹图片，教师导入新课。自鸦片战争以来，泱泱中华逐步沦为他国的盘中之餐，为救亡图存，中国人民开展了一场场可歌可泣的探索运动。

李鸿章、左宗棠，自强求富，掀起洋务运动，却梦断甲午；

康有为、梁启超，变法图强，掀起百日维新，终是昙花一现；

孙中山，领导辛亥革命，推翻帝制，建立中华民国，却被袁世凯窃取果实。

探索之路，任重道远，这节课就让我们跟随一代热情洋溢的知识分子，走进那段激情燃烧的岁月，共同学习新文化运动。

围绕学习目标，我们把本节课设计为3个篇章。

第一篇章　积聚·进发——顺与逆的碰撞
第二篇章　呐喊·激行——新与旧的交锋
第三篇章　荡涤·回响——功与失的评判

第一篇章　积聚·进发——顺与逆的碰撞

1. 观看辛亥革命结束后的历史画卷，教师引导：辛亥革命后，中国社会发生了哪些变化？这些变化反映了怎样的历史发展趋势呢？结论是，民主、共和、自由、平等成为不可逆转的历史潮流。

2. 观看袁世凯复辟帝制及其倒行逆施的视频材料，教师引导：以袁世凯为首的北洋军阀会不会顺应这股潮流呢？结论是，袁世凯打着"尊孔、复古"的旗号，意在专制、独裁，妄想实现复辟帝制的皇帝梦。顺流与逆流在同一时空交汇，必然会产生激烈的碰撞。

当时，一部分先进的知识分子经过痛苦的反思认识到：仅有政治制度的革新不足以救中国，必须启发国民新的伦理道德意识，培养国民的独立人格，彻底荡涤封建旧文化的毒害，进行一场思想文化领域的革新运动。新文化运动应运而生。

3. 自主探究，完成大屏幕上的表格。

自主探究，完成新文化运动内容列表（如下表）。

开始标志	
代表人物	
重要阵地	

4.陈独秀号召青年应该成为什么样的青年呢？

《新青年》的问世，陈独秀的呐喊，惊醒了沉睡的青年，吹响了新文化运动的号角。

仔细观察图片，有的是海外归来，西装革履，大力宣扬新思想的进步人士；有的是身穿马褂，拖着长辫，满口之乎者也的封建顽固。新旧思想齐聚北大，相互抨击，激烈碰撞。这彰显了北大怎样的学术氛围呢？

5.让我们走近这一代激情飞扬的人物，聆听他们的人生经历，品读他们的历史担当。

（1）展示：陈独秀、胡适、李大钊、鲁迅等人物图像。

（2）人物介绍

李大钊早年留学日本，广泛学习各种先进思想，希望找到富国强兵的救国良方。回国后，李大钊可以选择当官发财，享受荣华富贵，但他却甘心舍弃一切，宁愿奉献自身，也要点燃革命烈焰，改造旧社会的一切。

鲁迅早年在日本学医。一次，他在日俄战争的纪录片中看到：日本人打死中国人，而围观的中国人麻木不仁。鲁迅认识到"救国救民需先救思想"，仅靠医术是不行的。于是，他弃医从文，用文字唤醒国民，改变国人的思想。

学生体验，教师总结：为救国，李大钊放弃高官厚禄；为救国，鲁迅弃医从文，他们心中都是满满的家国情怀。

第二篇章　呐喊·行动——新与旧的交锋

1.材料展示：一个看似风光的故事。

一个贞烈的女孩子

"爸爸，我实在饿得忍不住了，你四天多不给我一口饭吃，爸爸呀，你当真忍心看着我饿死吗?"

"阿毛,你怎么这么糊涂啊?自从知道吴家那孩子（阿毛的未婚夫）的死讯,就拿定主意叫你殉节。又叫你娘苦口劝你走这条路,成你一生名节,做个万世流芳的贞烈女子。上吊、服毒、跳井,对于你一个14岁的孩子,如何能够办到呢?后来是你大舅想出的好办法,让你在屋子里从从容容地绝食而死。这样殉节,是天底下最体面的事,你老爹和老娘也沾你的光"。在阿毛饿死的第二天,县太爷敲锣打鼓,给他家挂上了"贞烈可风"的牌匾。

（摘自《新青年》）

通过故事,初步认识当时封建礼教的毒害,教师引导诸如当时的"好女不嫁二夫""殉夫守节""男尊女卑""女子无才便是德"……

教师引导指出:这就涉及毒害国民思想的封建旧道德、旧文化。我们要坚决抵制封建旧道德、旧文化。当时,鲁迅也发出了这样的呐喊:

我翻开历史一查,这历史没有年代,歪歪斜斜的每页上都写着"仁义道德"几个字。我横竖睡不着,仔细看了半夜,才从字缝里看出字来,满本都写着两个字"吃人"。

（摘自鲁迅《狂人日记》）

2. 过渡:如何才能改变国民的愚昧,救治中国呢?陈独秀请出了"两位先生"。

我们现在认定,只有这两位先生可以救治中国政治上、道德上、学术上、思想上的一切黑暗。

（摘自《新青年》）

陈独秀举起了"民主""科学"的大旗。

3. 过渡:在宣扬民主与科学新思潮过程中遇到了一个难题。我们通过一首诗歌来体会一下。请一位同学朗读这首诗歌（文言文与白话文）。

静女其姝,俟我于城隅。爱而不见,搔首踟蹰。静女其娈,贻我彤管。彤管有炜,说怿女美。自牧归荑,洵美且异。匪女之为美,美人之贻。

——《诗经》文言文

娴静姑娘真漂亮,约我等在城角楼上。故意躲藏让我找,急得搔头徘徊心紧张。郊野采荑送给我，荑草美好又珍异。不是荑草长得美，美人相赠厚情意。

——《诗经》白话文

过渡：走在文学革命前列的代表人物都有谁？各自提出了什么主张？

【自主探究】课本文学革命的内容

过渡：新文化运动中，先进知识分子猛烈抨击旧道德、旧文化，拿起民主与科学的武器，荡涤着国人的思想，留下了深远的历史回响。

第三篇章　荡涤·回响——功与失的评判

1. 分析材料探究影响

出示材料：

材料一　《新青年》像春雷初动一般惊醒了整个时代的青年。他们首先发现自己是青年，又粗略地认识了自己的时代，再来看旧道德、旧文学，心中就生出了叛逆的种子。一些青年逐渐地以至于突然地打碎了身上的枷锁，歌唱着冲出了封建的堡垒。

——杨振声

材料二　《新青年》大力宣传民主和科学，受到广大青年知识分子的普遍欢迎，被誉为"青年界之金针"、青年的"良师益友"，他们说："青年得此，如清夜闻钟，如当头一棒。"

——刘祥英

引导学生合作探究得出如下结论：新文化运动动摇了封建道德礼教的传统地位，使中国人民接受了一次民主与科学的洗礼。

过渡：新文化运动在青年学生心中种下了爱国与担当的种子。当国家陷于危难，他们又会如何做呢？

2. 观看视频探究影响

播放"五四运动中的学生激情洋溢的演讲"得出结论：新文化运动为五四运动起了思想宣传和铺垫作用。

3. 过渡：但是新文化运动在宣传新思想的过程中，也发出了这样的

材料一　将所有的古籍束之高阁，废除汉字，采用"世界语"。——钱玄同

材料二　中医不过是一种有意或无意的骗子。——鲁迅《呐喊·自序》

材料三　若是决计革新，一切都应该采用西洋的办法，不必拿什么国粹、什么国情的鬼话来捣乱。——陈独秀

教师引导指出：他们对中国传统文化的看法带有一定的片面性。我们又该如何正确对待中国传统文化？帮助学生树立正确的价值观：对中国传统文化的态度应该是"取其精华，去其糟粕"。

【立德树人培养】核心素养与家国情怀：通过本节课的学习，我们认识到（文字+图片+音乐）：

新文化运动是中国思想解放运动的一座丰碑。

它引领思想解放，在新与旧的历史碰撞中，用民主与科学奏响了思想启蒙的豪迈战歌。

它探索救国，在黑暗与光明的冲突里，用年轻的肩膀撑起民族的脊梁。

百年历史，青春力量；时代先锋，青春榜样。

望同学们继承先辈精神，勇于进取，敢于担当。

第二篇 新文化运动与马克思主义传播

设计意图

对新文化运动所倡导的民主与科学的内涵和意义的学习与探究，使学生认识民主与科学、马克思主义的传播对于改造中国的积极影响，并使学生进一步明确，作为中国未来存在和发展的重要途径，对民主和科学的追求，也是个人健全人格，形成正确的道德观、人生观和价值观的主要体现，以此培养学生的科学精神与人文素养。同时，通过新文化运动中先进的中国人为救国而勇于探索的史实的学习，培养学生树立为中华民族谋复兴而勇于担当、努力学习的理想。

学习目标

1. 课标要求

概述新文化运动的主要内容，探讨其对近代中国思想解放的影响；简述马克思主义在中国传播的史实，认识马克思主义对中国历史发展的重大意义。

2. 教学目标

一是了解新文化运动兴起的背景，识记新文化运动兴起的标志、主要阵地、代表人物、旗帜、活动基地。概述新文化运动的主要内容，探究新文化运动的影响，以及马克思主义的传入、传播的历史意义。

二是围绕"思想解放、探索救国"这一主题，通过"新旧碰撞风云起""破旧与立新铸国魂""十月惊雷现曙光"三个环节，引导学生学习和探究新文化运动兴起的背景、内容和影响。

三是引导学生通过对材料的分析和解读得出结论，做到论从史出，以培养学生阅读、理解、分析材料的能力。

四是设计一些问题交给学生讨论，让学生在探究、交流、讨论中形成认识，学会合作学习，并以此培养学生利用所学知识分析问题、解决问题的能力。

 导入新课

先回顾一下近代以来中国思想解放的潮流、探索救国的脚步，然后播放幻灯片，说明辛亥革命后，思想解放依然继续，探索救国还在前行。

展示课题《新文化运动与马克思主义的传播》。

 整体感知

第一篇章 新旧碰撞风云起——看新文化运动的兴起
第二篇章 破旧与立新铸国魂——看新文化运动的内容、作用
第三篇章 十月惊雷现曙光——看新文化运动的发展

过程设计

教师：有人说："新文化运动是几个青年凭空造出来的。"是这样吗？
我们通过第一篇章"新旧碰撞风云起"来找到答案。

第一篇章 新旧碰撞风云起——看新文化运动的兴起

教师：请同学们阅读教材第一段，结合大屏幕上的图片概括辛亥革命后中国社会发生的新变化。

学生：……

教师：这些新变化是否意味着中国就能实现富强呢？请同学们看一段视频，从中概括民国初年中国社会的政治思想逆流。

学生：……

教师：从视频中可以看出，"作为共和国大总统的袁世凯，却也大搞帝制复辟和尊孔复古"，这种倒行逆施，资产阶级会答应吗？他们又会如何选择呢？于是在新与旧的碰撞中，一场风云席卷而来，新文化运动应运而生。

教师：我们先走进1915年的新文化运动，来明确新文化运动兴起的概况，同学们自主学习课本上的内容，完成大屏幕上的表格。

开始标志	
代表人物	
重要阵地	

教师：介绍一本激情洋溢的刊物、一所激情四射的学校、一群激情飞扬的人物，感悟他们如此年轻就已经站在时代的前沿，敢于担当。

通过阅读教材和观看视频，让学生在比较中，能够更直观、生动地了解辛亥革命后的新旧思想的碰撞和严酷的社会现实，从而理解新文化运动是近代中国历史发展的必然。通过介绍《新青年》杂志、北京大学和新文化运动的斗士来明确新文化运动的阵地与基地和青年敢于担当的精神。

第二篇章　破旧与立新铸国魂——看新文化运动的内容、作用

教师：请同学们快速阅读课本，从宏观上把握新文化运动的主要内容。

　　　学生阅读后，展示幻灯片"新文化运动的内容"。

我们从不同的视角来理解新文化运动的内涵。

1.国的角度：共和之殇

教师：共和政体名存实亡，主要是什么思想未清除？新文化运动人士又是如何回答的呢？

材料一　国人等欲脱蒙昧时代……当以科学与人权（即民主）并重。

——陈独秀《敬告青年》

材料二　我们现在认定，只有这两位先生可以救治中国政治上、道德上、学术上、思想上一切的黑暗。

——《新青年》

设问：（1）民主与科学的内涵分别是什么？

　　　（2）提倡民主与科学说明对西方文化是什么态度？

学生活动……

教师：民主与科学是拯救中国的良药，国有了希望，那家呢？

2. 家的角度：鸣凤之悲

教师：介绍巴金作品《家》中，鸣凤与觉慧的故事。

设问：鸣凤选择投湖而死的根源是什么？

材料一　孔教与共和乃绝对势不相容之物，存其一必废其一。——陈独秀

材料二　打倒"孔家店"。——吴虞

为什么新文化运动的矛头要指向以孔子为代表的儒家传统思想。

教师：甚至有人还提出了更为激进的口号"打倒孔家店"。对于这个口号，一直以来都存在着不同的看法。让我们来一探究竟。

展示幻灯片：

观点一　新文化运动提出的口号"打倒孔家店"是反封建的需要。你是否同意这种观点，并说明理由。

观点二　儒家思想是中国传统文化的主流思想，不能全盘否定，泼洗澡水不应把孩子一起泼掉。

对上述观点，你怎么看？

学生合作探究，各抒己见……

教师：总结结论：批判与继承。同学们心中的新道德是什么样的？当时是通过什么来宣扬新思想的呢？

3. 文学的角度：文学之变

老师：展示文言文，学生感觉文言文晦涩、难懂。

设问：文学革命，其代表人物有哪些？阅读教材，看一看他们各自提出了哪些主张？

学生：……

教师：可以看出，两人都主张要进行文学领域的变革，在文学的内容和形式方面进行改革，不仅要改文字、改语言、改文体、改形式，更重要的是还要改内容，用平易、通俗的新文学，取代陈腐、晦涩的旧文学。

教师：新文化、新思想只有用通俗易懂的文字，才能被广大的普通民众所接受，才能起到启蒙国人思想的作用。新文化运动产生了哪些影响呢？展示三种观点。

材料一　反动封建军阀污蔑新文化运动是"异端""洪水猛兽"。

材料二　《新青年》被誉为青年的"良师益友"。毛泽东说看的、谈的、讨论的都是《新青年》。青年得此，如清夜闻钟，如当头一棒。

材料三　新文化运动的缺点是：一是在批判传统时缺乏公正与同情，忽视作家和民族传统的良好方面；二是对于新观念过于轻信，而又不免混乱模糊。

——周策纵（美国威斯康星大学历史系终身教授）

学生：合作探究完成新文化运动的评价。

新文化运动的内容，教材上讲得比较清晰，让学生通过自主学习即可解决。然后老师在此基础上，围绕着"破旧与立新铸国魂"这个主题，通过层层设问，加深学生对内容的理解，尤其是对新文化运动三个内容之间的关系的理解，从而让学生得出新文化运动在重铸国魂方面起到的重要作用。通过这一环节，还可以培养学生理解、分析历史问题的能力，以及自主学习与合作学习的能力。

第三篇章　十月惊雷现曙光——看新文化运动的发展

教师：新文化运动是近代中国一次空前的思想解放运动。新文化运动虽
　　　然对国人思想的启蒙起了重要的作用，但民主与科学没有也不可
　　　能从根本上改变当时中国的命运。中国先进的知识分子需要继续
　　　探索、继续选择。最终找到了能够救国救民的科学理论——马克
　　　思主义，使中国迎来了新世纪的曙光。请同学们自主学习第三个
　　　标题，明确大屏幕上的问题。

　　　（1）一个人物：李大钊，在中国率先举起社会主义旗帜。

　　　（2）两个事件（两个阶段）：俄国十月革命，马克思主义传入
　　　　　中国；1919年的五四运动，促进了马克思主义的传播。

　　　（3）三种方式：撰写、发表文章；创办刊物；成立社团组织。

学生：……

教师：李大钊率先举起社会主义旗帜，我们来认识一下这位马克思主义者。

学生：……

教师：马克思主义传入中国后，与中国实际相结合，成立了中国共产
　　　党，并在其领导下找到了一条正确的革命道路，最终引领中国实
　　　现了民族独立，实现了救国的目标。

　　引导学生阅读教材，梳理基础知识，然后利用分析马克思主义对中国社会
发展的重要意义。从而让学生进一步理解新文化运动与马克思主义传播的关
系，得出结论，马克思主义指导中国实现了民族独立，实现了救国的目标。

　　【立德树人培养】核心素养与家国情怀。通过学习，我们认识到新文化
运动注定是20世纪初中国思想解放运动的一座丰碑，它引领思想解放，在新
与旧的历史碰撞中用民主与科学谱写了一首重铸国魂的交响曲。它是一种精
神，激励着一代又一代的中华儿女踏上振兴民族的征程。作为21世纪的中学
生，我们应该继承先辈的精神，勇于进取，敢于担当。

第三篇　甲午中日战争和八国联军侵华

03

设计意图

　　本课教学的对象是高一年级学生，经过初中三年的通史学习，他们形成了比较完整的知识结构，具有一定的分析能力，作为十五六岁的青少年，他们感情充沛，爱憎分明，但由于他们的历史知识储备和对历史理论问题的理解能力有限，所以在教学中，教师仍需根据学生的心理和年龄特征，进行因势利导。本课的设计彰显了素养立意和家国情怀。一是通过对两次侵华战争中清政府失败的分析，培养学生为民族崛起而奋斗的信念；二是在两次侵华战争中，突出了中国人民奋起抗争与视死如归的精神，借此史实培养学生不畏强权的精神和爱国主义情怀。

学习目标

　　1. 掌握1894~1901年列强侵华的主要史实；知道《马关条约》和《辛丑条约》的内容，了解中国人民英勇反抗的事迹。（时空观念、历史解释）

　　2. 理解、掌握甲午战争以及八国联军侵华战争爆发的背景；分析两个不平等条约对中国产生的影响；理解中国沦为半殖民地半封建国家的过程；分析列强在这两次侵略战争中的所作所为或所持态度及其原因。（历史解释、史料实证等）

　　3. 概述中国军民反抗外来侵略斗争的事迹，通过分析在这两次侵华战争中，中国人民的不同态度等史实，认识清政府的腐败无能与中国爱国人士不屈不挠、英勇奋斗的精神。

【导入新课】运用多媒体展示《甲午大海战》的主题曲《深蓝》。通过一首悲壮的歌曲导入本课——甲午中日战争和八国联军侵华。

设计意图：课堂导入力求体现"凝神、聚趣、启疑"的要求。

整体感知

第一篇章　西风烈·东风恶——19世纪末的危机
第二篇章　甲午悲·庚子难——刻骨的1894和1900
第三篇章　民之痛·国之殇——无奈的国运凋零

过程设计

第一篇章　西风烈·东风恶——19世纪末的危机

多媒体展示材料，设计问题。

1. 19世纪末的西方列强在"忙"什么？

材料　19世纪80年代，帝国主义列强在世界范围内开始了夺取殖民地的大高潮。19世纪90年代，全世界的领土基本上已经被帝国主义分割完毕。

——孙玮《新编中国近代史教程》

2. 这一时期的日本在"忙"什么？

材料　日本在"明治维新"以后，大力发展资本主义，国力逐渐强盛。日本制定了以侵略中国为中心的"大陆政策"。

1887年，日本参谋本部制定了"清国征讨策略"。

1892年，日本完成针对中国的十年扩军计划。

1894年，成立战时最高指挥机构——大本营。

——徐中约《中国近代史》

3. 这一时期的中国又在"忙"什么？

材料　1892年，为了迎接甲午年慈禧太后六十大寿，光绪帝颁布诏书，宣布启动寿辰庆典的筹办事项，明确要求，大清国接下来两年的任务，就是准备祝寿和祝寿。

——纪录片《甲午，甲午》

展示19世纪末世界大背景和中日两国的比较，认识19世纪末的危机。

学生回答，老师进行总结，西方列强瓜分世界，对中国虎视眈眈；日本明治维新，国力强盛，蓄谋侵略中国；清朝政府却忙于祝寿。

设计意图：关于甲午中日战争爆发的背景，初中教材对此没有具体涉及，针对高中学生的特点，教师应将甲午中日战争的爆发置于世界大背景中进行分析。

过渡：西方列强虎视眈眈，东方邻邦蓄谋不轨，等待中国的将会是怎样的命运呢？

第二篇章　甲午悲·庚子难——刻骨的1894和1900

首先，利用地图和音频，梳理甲午战争的两个阶段的过程。

讲解旅顺大屠杀，激发同学们悲愤的情绪。

介绍左宝贵和邓世昌的感人事迹。

设计意图：通过一系列图片的展示，感受日本侵略者的凶残和感悟中国爱国人士的不屈不挠、英勇奋斗的精神。

过渡：我们在缅怀英烈的同时，不禁发出了这样的疑问：日本，蕞尔小邦；大清，泱泱帝国。大国为什么会败给小国？

通过观看视频并结合三则材料，讨论甲午中日战争失败的原因。老师总结制度之败、腐朽之败、战略之败、民族精神之败。

材料一　北洋海军在1888年正式成军时，实力大大超过日本海军。而此后六年间海军未再添置一舰、一炮。但为筹备慈禧太后六十寿典，共花费白银3000万多两。

——李涛《最后的皇权》

材料二 1895年，日军进犯北洋海军基地威海卫。李鸿章下令："如违令出战，虽胜亦罪。"

——陈旭麓《中国近代史》

材料三 吾国之人视国事若于己无与焉，虽经国耻、历经国难，而漠然不以动其心……吾国民之大患，在于不知国家为何物。

——梁启超《中国积弱溯源论》

升华（认识）：只有根治腐败，国家才有希望，只有振奋民族精神，民族才能复兴，只有深化改革，社会才会进步。

设计意图：培养学生阅读史料、分析问题的能力，并能从中得出理性认识。

过渡：甲午中日战争不是中国灾难的开始，更不是中国灾难的终结。六年之后，灾难再次降临，列强联合对中国发动了一场战争——八国联军侵华。

通过视频了解八国联军侵华的过程，体会中国人民的抗争精神。

过渡：两场战争，给中国人民带来了刻心之痛，加速了清朝的灭亡。

第三篇章 民之痛·国之殇——无奈的国运凋零

自主学习：《马关条约》和《辛丑条约》的内容由同学自主完成，屏幕展示表格对照，而对《马关条约》和《辛丑条约》危害分析则通过多媒体等多种方式来帮助理解。

比较《南京条约》和《马关条约》，认识到《马关条约》使中国半殖民地化大大加深。

通过比较分析《马关条约》和《辛丑条约》的不同，认识《辛丑条约》导致清政府已经成为洋人的朝廷，标志着中国完全陷入半殖民地半封建社会的深渊。

设计意图：在讲解过程中对学生进行记忆方法指导。《马关条约》和《辛丑条约》的内容和影响是本节的重点，也是难点。教师应结合条约内容，对比讲授、分析。

升华：历史是一个民族的精神给养，一个民族只有从刻骨铭心的历史教训中不断自省和反思，才能发展得更稳定，强大得更真实。

小结：思维导图，回顾本节课学习的主要内容。

设计意图：归纳所学知识，深化主题，化解难点，升华知识。

【立德树人培养】核心素养与家国情怀。以甲午中日战争对比为主题升华爱国主义精神。

第四篇　中国近代民族工业的发展

04

💡 设计意图

　　本课是从经济方面纵向概述中国近代民族工业的发展过程及特征，并介绍了晚清时代的状元实业家张謇及其创办的大生纱厂的兴衰。内容较为空洞抽象，时间跨度大，跳跃性强。学生对于近代的民族工业发展了解很少，但对当代的民族工业发展有一定了解。鉴于此，本课设计一是立足通过史料实证、历史解释等环节，围绕张謇的个人成长到救国救民的经历，展现了一个不顾个人功名、大爱洒人间的人物形象，启迪学生的优秀品格养成；二是通过史料实证，对比分析，从唯物史观的角度深思独立与富强的关系，让学生耳目一新，加深对民族迫切实现自强、独立的认识。

💡 学习目标

　　1. 讲述张謇办实业的故事，说出张謇办实业的背景、影响和结局。

　　2. 概括中国近代民族工业发展的几个阶段的发展特征；能分析出不同时期发展速度不一的原因。

　　3. 通过对张謇办实业的了解和中国近代民族工业曲折发展的原因的探究，学生能够掌握从特殊到一般的认识规律和思维方法。

　　4. 认识我国近代民族工业发展的艰难历程，形成振兴祖国、自强自立的民族认同感。感受张謇的爱国情怀，树立勤奋学习、振兴中华的远大志向。

 **导入新课**

导入：这是我的家乡，大美临沂，它展现着21世纪中国的富强，然而当我们把目光投向19世纪末，贫穷落后的中国正遭受苦难，鸦片战争的炮声将中国人从天朝上国的迷梦中惊醒；圆明园的断壁残垣诉说着英法联军的暴行；甲午战败，加剧了中国的民族危机。国难当头，爱国志士寻求救国之路。康有为、梁启超呼吁改良维新，寻求变法图强之路；孙中山号召民主共和，寻求民主革命之路；还有一群人，他们投身实业，创办工厂，他们在寻求怎样的救国之路呢？今天我们一起重回19世纪末那个风云激荡的年代，让我们共同学习《民族工业的发展》。

整体感知

第一篇章　功名·家国——奔向世界潮流的状元
第二篇章　艰辛·曲折——注定饱经风霜的悲歌
第三篇章　独立·富强——历史不容回避的深思

过程设计

说到近代民族工业，我们不得不提到这个人物，请大家看一段视频。（播放视频）

这个人是张謇。（点击屏幕）

让我们走进第一篇章，认识这位奔向世界潮流的状元。

第一篇章　功名·家国——奔向世界潮流的状元

你知道什么是状元吗？这就是张謇高中状元的捷报。（点击屏幕）

状元是一个头衔，大魁天下，是无数读书人一生追求的梦想；状元是一个功名，意味着光宗耀祖、高官厚禄。

而这一路的艰辛是常人无法忍受的，让我们看看张謇的科举之路。（点击屏幕，解说张謇的科举之路）

26个春秋，张謇圆了无数读书人的梦想，他从通州的乡下走来，走到了中国的政治中心。

按说，张謇应该无比珍惜这来之不易的状元，但让人吃惊的事情发生了：张謇弃官了！放弃了26载的苦读考取的功名，放弃了唾手可得的荣华富贵，他为何要这样做？请看视频回答问题。

正如同学们所说，当时的中国：

1. 甲午战争后，民族危机加深。

2. 对清政府丧失信心，寻求新的救国之路。

张謇曾说过："愿成一分一毫有用之事，不愿居八命九命可耻之官！"国难当头，他所追求的不是个人的荣华富贵，而是整个民族的富强。民族危难之时，他要寻找出一条救国之路。

这条路是什么呢？张謇最早提出的"实业救国"口号，这是一种敢为天下先的精神！

面对国难，张謇有辞官的胆识，更有救国的担当，张謇的胆识令人佩服，张謇的担当让人敬仰。那么，状元的经商之路是什么样的？他能成功吗？

张謇的实业救国之路是从创办大生纱厂开始的。

那我们就走进大生纱厂，来看看状元的从商之路。

张謇创业之初只有2000两银子作为启动资金，通过阅读资料，说明了张謇具有什么样的精神品质？

张謇创办的第一家企业是大生纱厂，集股十分艰难，张謇一度连车旅费也无法着落，只得在《申报》登载卖字启事，以解燃眉之急。尽管如此，张謇执着坚持，不言放弃，以坚韧不拔的顽强意志，经过40多个月的努力，大生纱厂终于1899年农历四月建成投产。

——周至硕《中国梦与张謇精神》

面对困难他不退缩，他用百折不挠的精神，终于在1899年创办了大生纱厂。大生纱厂创办起来了，此后的经营又如何呢？

看数据，数据告诉我们什么？

大生纱厂资本及盈利			
年份	纱锭数（锭）	累计资本（万元）	纯利（万元）
1904	40700	158	45.1
1907	40700	252.1	56
1913	66700	279.1	66.3

——资料来源《大生资本集团史》

大生纱厂在创办后蓬勃发展。大生纱厂的资本和盈利不断上升，张謇随后连续创办了一系列的企业，企业规模不断扩大，他把大生纱厂打造成了一个资本集团。

考取功名时候的张謇，我们称为状元，此时的张謇我们应该称呼他为实业家，他从一个状元成功转型为实业家，打造大生资本集团，张謇在南通富甲一方，名噪一时。他创办实业更引领了时代的潮流，奠定了中国轻工业的基础。有人说，讲到中国的民族工业，有四个人不能忘记……讲到轻工业，不能忘记张謇……

初识张謇，你对他有什么样的印象？救国之心，有志气、有担当、敢为天下先、坚强执着、不屈不挠。

张謇是一个成功的商人，想来他应该家财万贯，生活奢华，事实是怎么样的呢？让我们再识张謇，一起了解历史的真相。

张謇的钱都用于兴办教育。他提出"父实业，母教育"，认为发展教育，提高国民素质，能达到兴国强民的目的。

张謇不仅重视教育，兴办了公益慈善事业，他还出资建立养老院、贫民工场等慈善机构，关心百姓疾苦，还修建了气象台，成立了中国历史上最早的博物苑等这些在旧中国难以想象的民生设施，他把故乡南通打造成了中国近代第一城。胡适这样评价张謇："他独力开辟了无数新路，做了30年的开路先锋，养活了几百万人，造福于一方，而影响及于全国。"这真是大爱洒人间。

再识张謇，你对他又有了新的印象：献身教育、心系民生、甘于奉献、爱国爱家，张謇的精神永远激励着我们。

张謇是一面旗帜，树起实业救国的榜样；

张謇是一方基石，奠基了南通的近代辉煌；

张謇是一首战歌，唱响了近代民族工业发展的号角；

而这首歌，饱含着艰辛坎坷，注定是一首饱经风霜的悲歌。

第二篇章 艰辛·曲折一首饱经风霜的悲歌

这首悲歌就是中国近代民族工业的发展，那什么是近代民族工业呢？民族工业的发展呈现什么特点？

一战期间，民族工业获得难得的发展空间，出现了一个短暂的春天。一战结束后，欧洲列强卷土重来，整个民族工业又迅速萧条。

1927～1936年，国民政府开展"国民经济建设运动"，民族工业得到较快发展。

抗战爆发后，民族工业遭受空前残酷的打击，日益萎缩。

抗战胜利后，由于四大家族官僚资本的垄断和挤压，民族工业也没能得到很好的恢复。

近代民族工业的发展是艰难曲折的，但在艰难曲折中透着闪光和辉煌，迎来了一个明媚的春天，让我们进入春暖花开的民族工业发展历程。

出示材料，让学生认识到一战期间民族工业发展的速度之快，这个时期被称为黄金时代。

1912～1919年，新建厂矿企业470多家，投资近亿元，再加上扩建企业，新增资本达1.3亿元，相当于辛亥革命前50年的投资总额。其中面粉业和纺织业发展最快，化工、皮革、卷烟等行业也有相当发展。

——王开玺《中国近代史资料汇编》

是什么原因促进了黄金时代的产生？出示材料，学生回答。

材料一 辛亥革命的成功，冲击了封建制度，使民族资产阶级一度受到鼓舞，他们认为："所谓产业革命者，今其时也。"各种实业团体如雨后春笋纷纷出现。

——人教版《初中历史》

材料二 一战期间欧洲列强对华主要消费品输出情况表。

种类		棉纱	粗布	面粉	火柴
时间	1913年	269万担	521万担	260万担	2845万箩
	1920年	129万担	253万担	51万担	848万箩

在黄金时代的背后还有阴影，在春天的背后还有民族工业发展的寒流，让我们分析一下民族工业有何局限？请同学们根据材料结合课本内容分析。

小结指出：发展不平衡。

在近代民族工业在黄金时代的引领下企业迅速发展，如张謇创办的大生厂纱、荣氏集团；建立了庞大的家族集团、显赫一时的南洋兄弟烟草公司，但近代民族工业的发展是脆弱的、不平衡的、不健康的，这个春天更是短暂的。

一战后帝国主义卷土重来，近代民族工业受挫。民国时官僚资本的压迫，抗战时日本帝国主义的入侵，使这些企业濒临破产。这是一个不争的史实、一个悲惨的命运。他们的命运为何如此艰辛？这不得不让我们深思。

先取得民族的独立还是先发展实业富强？这是历史留给我们不容回避的问题。

第三篇章　独立·富强——历史不容回避的深思

是什么阻碍了近代民族工业的发展？这是由半殖民地半封建的社会性质决定的。

在一个半殖民地、半封建的国家中，要想发展工业，建设国防，造福人民，求得国家的富强，多少年来多少人做过这样的梦，但是一概幻灭了。

那么如何才能真正求得中国的富强？历史告诉我们：要想实现民族工业的健康发展，实现国家富强，就必须推翻压在中国人头上的三座大山，取得民族独立。

唯有独立方能富强。

【立德树人培养】张謇的梦是一代人的梦，是富强之梦，是救国之梦。

中华人民共和国的成立，实现了国家独立，复兴之路正式出发；

中国特色社会主义道路的开辟，促进了中国的和平崛起；

张謇的梦圆了，富强的梦圆了，中华民族的伟大复兴梦正在扬帆远航；

同学们，让我们用理想之光照亮奋斗之路，用信念之力开创美好未来；

继承张謇的精神，把我们的梦融入中国梦之中；

加油吧少年，让我们携手共筑伟大的中国梦！

第五篇　战后资本主义的新变化

设计意图

　　本课教学的对象是高一年级学生，经过近一年的学习，他们虽然形成了一定的知识结构，具备一定的分析能力，但是对西方资本主义的了解和认识不到位，缺乏相应的知识储备，所以要求老师在教学中根据学生的心理和年龄特征，进行因势利导。本课通过图文并茂的史料解读、视频资源，感受战后资本主义的新变化，并从立德树人、家国情怀的理念出发，潜移默化地培养学生敢于担当的意识。

学习目标

　　1.加深对国家垄断资本主义的发展；福利国家；第三产业的蓬勃发展；"新经济"等历史概念的解读。

　　2.客观分析，认识当代资本主义的新变化的实质是资本主义的自我调节，是资本主义生产关系的自我调整。

　　3.认识人类社会发展的统一性和多样性，努力学习，吸收其他民族和国家发展经济的经验，适应经济全球化的趋势。

　　4.通过社会发展，培养学生的社会责任感。

 导入新课

课前播放歌曲《家住临沂》，展示沂蒙老区的变化。

导入：以沂蒙老区日新月异的变化，过渡到15～20世纪初资本主义发展变化的历程，以图片展现，引发学生对资本主义的发展变化的认识，导入二战后资本主义的新变化。

通过直观的图片展示，激发学生兴趣，学生可以快速对资本主义发展历程进行回顾，了解资本主义发展的概况。

 整体感知

> 第一篇章　继往·开来——看发展模式
> 第二篇章　民生·和谐——看福利国家
> 第三篇章　新产业·新经济——看经济增长

 过程设计

第一篇章　继往·开来——看发展模式

1. 20世纪30年代：危局新政

通过对20世纪30年代大危机下罗斯福新政的回顾，认知国家垄断资本主义的开创。

2. 二战后：寻道新途——国家垄断资本主义的普遍推行

首先，二战后资本主义国家面临更大的危机与困惑，如何寻求突破？英国前首相艾德礼说："未来政府的形象应该是……勇于改革的形象。"

其次，分析推行模式，采取措施，设问：资本主义国家干预的方式有哪些？

材料一　1946年开始，英国工党政府用两年就完成了对煤矿、民航、铁

路、公路、运输、煤气、电力等部门的国有化。

材料二 1960年，日本制定《国民收入倍增计划》，提出10年内国民生产总值和个人国民收入增长一倍。

材料三 美国政府主要运用扩大政府开支、政府直接采购以及税收等财政政策对社会生产进行干预。

最后，黄金时期以联邦德国为例，并用数轴图展现资本主义国家经济发展状况这样的线索，逐一给学生展现国家垄断资本主义的推行对经济发展的推动作用。出示两则材料：

材料一 1946年，德国美英占领区（后成立联邦德国）的工业生产只相当于1936年的33%，其中钢铁工业只相当于21%，纺织工业只相当于20%……

——金重远等《世界现当代史》

材料二 1947～1960年，联邦德国工业生产增长速度平均高达7.9%。1960年，联邦德国国民生产总值较1952年提高了6倍，经济实力居西方国家第二位。

——吴玉廑、齐世荣《世界史现代史编下卷》

3. 20世纪70年代危机调整

解决两个问题：滞涨和混合经济。

滞涨以用数据说话的方式给学生直观地展示；

混合经济以英国为例做解析。

国家	时间	年均增长率	失业率	消费品上涨率
美国	1963～1973年	1.9%	4.5%	3.6%
	1974～1979年	−0.1%	6.7%	8.6%
英国	1963～1973年	3.0%	3.0%	5.3%
	1974～1979年	0.8%	5.3%	15.7%
西德	1963～1973年	4.6%	0.8%	3.6%
	1974～1979年	2.9%	3.2%	4.7%

——资料来源：《新帕尔格雷夫经济学大辞典》（第四卷）

英国前首相撒切尔夫人认为，国有经济成分比重大、生产效率低、亏损严重，限制了经济发展，是造成经济恶性循环的主要原因。

撒切尔夫人主政时期，进行了大规模私有化运动，对煤气、石油、电力供应、煤炭、宇航、汽车和电信等部门的上百个大型国有企业实行了民营化。到1989年，国有企业的总资产比1979年减少了45%。

个人或私人企业行事在市场经济条件下主要依靠市场，政府的干预遵循一条原则：凡是个人和私人企业能够做好的事情，由个人或私人企业来做，政府主要做个人或私人企业做不了或做不好的事情。

——王振华《英国》

总结垄断资本主义发展的历程，获得启示，落脚点在政府担当。勇于创新，善于传承，敢于担当的政府，才会受到历史的青睐。

第二篇章 民生·和谐——看福利国家

此篇主要解决两大问题：福利保障的范围和如何认识福利国家。

1. 通过听故事、话保障的方式去认知西方福利国家保障的范围。

2. 通过一个不可否认的事实、一个无法掩盖的真相、一个令人深思的现象、一个无法回避的问题四个排比句，并结合事例去理性看待福利国家。

一个不可否认的事实

美国人口普查局定义的3700万"穷人"中展示的却是另一种景观：他们不仅有足够的食品，还拥有彩电、冰箱、洗衣机……每月可领到生活补助，可以免费医疗……

——美国《市场报》

一个无法掩盖的真相

如果自由社会不能帮助众多的穷人，就不能保全少数富人。

——美国前总统肯尼迪

一个令人深思的现象

英国"最懒家族"：英国麦高雷一家，住在政府提供的一套房子里，母亲和5个女儿都不外出工作，家中养了8只宠物狗，每年净收入接近3万英镑（约合5.4万美元），却还是抱怨家里住得太拥挤，正在积极争取政府把她们

调换到一套更宽敞的大福利房中。麦高雷一家被称为英国"最懒家族"。

一个无法回避的问题：

英国多次举行反对削减社会福利的示威游行。

从中得到以下结论：

1. 福利保障在一定程度上可以促进社会和谐。

2. 福利国家实质上是维护资产阶级的统治。

3. 造就了懒人，并从中认识到真正的幸福应该靠自己的双手来获得，而不能靠国家和社会的施舍。

4. 给国家造成了财政负担

通过学生讨论的方式，对福利国家进行总结，以问题"如何让福利国家走得更长久？"为题进行探讨，进一步认识福利国家，树立正确的价值观。

第三篇章　新产业·新经济——看经济增长

1. 第三产业

解决的主要问题是，第三产业的概念、第三产业的作用。

（1）第三产业的概念，以邹城本地特产或者产业为切入口，拉近历史与学生之间的距离，从而认识第三产业。

（2）第三产业的作用，以一个企业——肯德基为例进行解析。

2. 新经济

主要是让学生直观地认识这一模式。切入口是谷歌新发售的眼镜视频了解其功能，从而认知新经济的模式是以知识为基础，以信息技术为主导，深入浅出。

【总结】呈现新变化，分析变与不变，让学生认识到，战后资本主义的新变化并没有改变资本主义制度，实质上是资本主义制度的自我调节和发展。

【立德树人培养】以担当为主题，展现20世纪和21世纪的大事的图片，一是与导入的事件连贯起来；二是让学生思考，新形势下该如何承担责任。

06

第六篇　太平天国运动

设计意图

本课通过对比立意展开教学，第一篇章展示了一幅侵略与反侵略的画卷；第二篇章展示了太平天国运动的英勇斗争精神，是悲壮之举；第三篇章通过对太平天国的纲领性文件的解读，认识两个纲领文件的差异性与空想性；第四篇章重在解读太平天国运动的意义和影响，失败之后，唤醒了沉睡的有识之士，救亡图存运动成为时代的主旋律。

学习目标

1. 了解太平天国运动兴起的原因及其发展壮大的史实。
2. 解读《天朝田亩制度》和《资政新篇》两部纲领性文件。
3. 分析太平天国运动的兴衰原因。

导入新课

生活中有各种各样的声音，有的圆润动听，愉悦身心；有的如黄钟大吕，振聋发聩……现在请大家一起来欣赏几幅图片，来感受它们给我们传递了什么声音？

通过这几幅图片，仿佛让我们听到了正义之声、警示之声、爱国之声。那么你是否用心聆听过在100多年前，数百万中国农民发出的怒吼声呢？

今天就让我们一起走进这幅波澜壮阔的历史画卷——太平天国运动。

整体感知

第一篇章　炮声与回声——太平天国运动爆发的背景
第二篇章　怒吼与悲歌——太平天国运动的兴亡过程
第三篇章　心声与新声——探究太平天国的纲领性文件
第四篇章　余声与强音——感悟太平天国运动

过渡：在生活中，我们有很多不愿听到的声音，枪声、炮声……然而，1840年，英国的炮声无情地惊扰了古老中国的宁静，清政府屈辱求和，签订了丧权辱国的《南京条约》，从而使中国开始沦为半殖民地半封建社会，面对英国侵略者的炮声，中国农民又做出了怎样的回应呢？

过程设计

第一篇章　炮声与回声——太平天国运动爆发的背景

阅读材料，思考：鸦片战争后，中国社会存在着哪两对矛盾？
学生：地主阶级与农民阶级之间的矛盾——阶级矛盾；
外国侵略者与中国人民之间的矛盾——民族矛盾。
民族矛盾与阶级矛盾交织在一起，加上在自然灾害的催化下，矛盾空前激化，一场大规模的农民运动即将爆发。
正如马克思所说："推动了太平天国运动的毫无疑问是英国的大炮。"
所以我们说，太平天国运动是中国人民对鸦片战争的炮声的回声。
过渡：1851年，无路可走的农民阶级在洪秀全的领导下，掀起了一场声势浩大的革命运动。

第二篇章　怒吼与悲歌——太平天国运动的兴亡过程

播放视频

教师：一起看一下兴盛过程。

全盛的背后隐藏着的是内讧，是分裂，是危机。

（回顾后期重大事件）

过渡：太平天国运动从1851年开始，至1864年失败，农民阶级坚持斗争14年，席卷大半个中国。期间虽以军事斗争为主，但也非常重视政权建设，先后颁布了两部纲领性的文件——《天朝田亩制度》《资政新篇》。

前者反映了广大农民的心声；

后者反映了一部分先进中国人的心声。

第三篇章　心声与新声——探究太平天国的纲领性文件

过渡：请同学们完成屏幕上的表格，给你们3分钟时间，请第1组、第2组的同学用心倾听农民的心声是什么，第3组、第4组的同学分析《资政新篇》是如何反映先进的中国人心声的？

教师：咱们先找位第1组、第2组的同学说说农民的心声到底是什么？

学生：得到土地。

教师：《天朝田亩制度》反映了农民的心声，就让我们一起去体会当时农民的心情，时间来到1853年冬的某一天。

教师：两位农民相遇了，他们会谈些什么呢？

　　　通过他们的对话，你们感觉这两位农民的心情怎么样？

学生：高兴。

教师：农民为什么会那么高兴？

学生：得到土地了。

教师：这土地原来的主人是谁？

学生：地主。

过渡：也就是说《天朝田亩制度》把地主的土地分给了农民，这就触及了封建地主土地所有制，体现了农民阶级反封建的革命色彩。因此《天朝田亩制度》是几千年来农民阶级反封建斗争的最高峰。

教师：为了使得到的土地不再失去，这两位农民打算怎么办？

学生：参加太平军，从而推动太平天国运动的蓬勃发展。

过渡：农民的愿望能变成现实吗？6年后……这两位农民再次相遇了，他们又会谈论什么呢？

教师：回到刚才的问题，农民的心声变成现实了吗？

教师：为什么呢？

学生：有的没有分到地。

教师：还有吗？从这两个农民的对话来看，农民生产的积极性高吗？

学生：不高。

教师：为什么不高？

学生：分到地的只能留足口粮，其他的全上交国库。

教师：这种分配原则，体现的就是一种绝对平均主义。

农民是小生产者，他们渴望拥有私有财产。

所以，这种分配原则能满足他们的需求吗？

学生：不能。

教师：需求无法满足，农民的积极性自然不高，所以太平天国勾画的理想社会在当时根本无法实现。

过渡：于是，太平天国又颁布了一项改革内政，建设国家的新方案，这就是《资政新篇》。

教师：新在了哪里呢？请第3组、第4组的同学来说一说自己的看法。

学生：政治、经济都具有鲜明的资本主义色彩。

过渡：《资政新篇》主张发展资本主义，《天朝田亩制度》主张建立小农经济社会，相比之下，《资政新篇》的主张更符合当时世界发展趋势。所以，外国人对其大加赞赏。

教师：但是《资政新篇》能实现吗？

学生：不能。

教师：为什么？农民对此什么态度？

学生：漠不关心。

教师：为什么不关心呢？

学生：因为农民只关心土地。

教师：农民的愿望在《资政新篇》中有反映吗？

学生：没有。

教师：所以也就得不到农民的支持，《资政新篇》无法实现。

过渡：我们听到了鸦片战争的炮声，听到了百万农民的吼声，也听到了中国农民千百年来的心声。然而，太平天国谱写的却是一首苍凉的悲歌。

第四篇章　余声与强音——感悟太平天国运动

过渡：你认为太平天国失败的主要责任在谁？理由是什么？请讨论之后，把你们的答案写在纸上，然后展示给大家。

通过同学们的分析，基本上把责任归到了三个人身上。

教师：曾国藩、华尔有责任吗？

学生：有。

教师：以洪秀全为代表的农民阶级该负主要责任，为什么？

学生：洪秀全利用宗教发动群众、制定的纲领不符合实际、军事指挥错误、内部不团结。

教师：这些都是农民阶级无法克服的，也是农民阶级局限性的体现。那曾国藩和华尔领导的洋枪队要负责任吗？

学生：负客观责任。

教师：很好，同学们对这个问题认识得很到位，请再接再厉。

　　　那同学们想一想，农民阶级能领导中国革命取得胜利吗？

学生：不能。

教师：这是由于阶级和时代局限性决定的。

中国要想取得革命胜利能离开农民吗？

学生：不能（用史实说明）。

教师：农民阶级是中国民主革命的主力军。虽然太平天国运动失败了，但它的功绩也是不可磨灭的。那么，太平天国立下了哪些功绩呢？

从反侵略、求民主的角度来看，太平天国运动揭开了中国近代民主革命的序幕。

章节升华："为什么我的眼里常含泪水？因为我对这土地爱得深沉。"

中华民族在屈辱与奋斗中自强，中国在艰难与希望中昌盛：

康有为发出了变法救国的呐喊；

孙中山举起了民主革命的旗帜；

毛泽东找到了民主革命的正确道路；

在中国共产党的领导下，中国人民终于站起来了；

在邓小平理论的指引下，中国人民富起来了；

一曲民族复兴的最强音正在古老的东方响起。

【立德树人培养】

"苟利国家生死以，岂因祸福避趋之"，一场轰轰烈烈的农民运动，让我们知道了担当和责任的深刻内涵。

一个勇于担当的人定能为人爱戴；

一个勇于担当的民族和国家，定能拨云穿雾；

一个勇于向世界发出自己的声音的政府定能得到人民的拥护和支持。

担当是责任，也是使命，我们是跨世纪的青年，担当着祖国的未来和民族的希望，肩负着中华民族伟大复兴的使命，当国家处于危难之中时，我们要勇于冲锋，当人民需要时，我们要敢于担当。

青年兴，则国兴；青年强，则国强。责任中有你有我，让我们共同努力，不畏艰难、顽强拼搏、勇于创新，为实现中华民族的伟大复兴而读书。

第七篇　辽、西夏与北宋的并立

07

💡 设计意图

本课以民族交融为主线，通过史料实证、历史解释等图文资料，阐释了在政权并立中，各民族在战与和的过程中不断交融的史实以及在交融中增强了国家的认同感，促进了中华民族共同体的形成。这样的设计意在增强学生对核心素养的落实，增强民族自信心和自豪感，认识中华民族共同体的形成是中国历史发展的必然结果，树立正确的中华民族历史观。

💡 学习目标

1. 认识北宋面临的新形势，了解辽、宋、西夏的并立。（时空观念、历史解释）

2. 通过中国古代历史上各民族的交往、交流、交融，认识中华民族共同体的形成是中国历史发展的必然结果，树立正确的中华民族历史观。（家国情怀、历史解释）

💡 导入新课

导入：刚才这首歌叫《中国人》，里面的一句歌词让人印象深刻："八千里山川河岳像是一首歌，不论你来自何方，将去往何处……未来还有梦，我们一起开拓。"

回忆往昔，大唐盛世，璀璨繁华，旷古未闻。然而，转眼之间，大厦将倾，江山易主。盛唐的诗篇已无法唱响。繁华已逝，统一不再，中原大地上留下了数不清的遗憾和意难平。让我们重温那一段峥嵘不凡的历史，学习本课——辽、西夏与北宋的并立，探寻中原大地上新一轮的重建之路。

 **整体感知**

第一篇章　但悲不见九州同——政权并立
第二篇章　巧化干戈为玉帛——民族交融
第三篇章　明月清风共一家——国家认同

过程设计

这一时期的历史与这个神奇人物分不开，让我们一起来认识这个神奇的人物，他就是耶律阿保基。

神奇人物的诞生，铸就一个民族的崛起。金戈铁马，纵横草原，在中国的北方诞生了两个强大的民族——契丹族与党项族。他们是怎样的民族，又建立了怎样的政权呢？让我们来进入第一篇章。

第一篇章　但悲不见九州同——政权并立

契丹族是一个善于学习的民族。阅读课本并掌握完成契丹族的历史概况。请一位同学来分享成果。党项族也是一个善于学习的民族，阅读课本并掌握党项族的历史概况。史料实证得出结论：契丹族与党项族都是非常善于向中原学习的民族。

一个善于学习的民族

自主探究：　结合课本，掌握契丹族的历史概况。

隋唐时期 ● 契丹族与中原文化的接触渐多。

唐朝末年 ● 中原人带去了先进的生产技术和生活方式。

9世纪后期 ● 契丹族开始有了农耕、冶铁和纺织等产业。

10世纪初 ● 耶律阿保机统一各部，建立政权。

那我们看一下这两个民族是如何学习中原文化的呢？这充分说明了中原文化的先进性，深刻地影响了这两个少数民族的民族走向。他们不仅是善于学习的民族，还是敢于创新的民族。他们是怎么创造文字的呢？观察契丹族和党项族的货币形状，再观察契丹和党项族货币上的文字与中原是否相同。契丹与党项族是在模仿中创新，在创新中进步。创新是一个民族发展的不竭动力和力量源泉。其实，无论是制度还是文字、货币，都与中原文化同根同源，一脉相承，都丰富和发展了中华文明，都为中华文明做出了重要的贡献。

一个敢于创新的民族

史料实证　看图思考：契丹族与党项族的货币是如何设计创制的？

秦朝半两钱　　　汉朝五铢钱　　　唐朝开元通宝　　　宋朝至道元宝

契丹族货币　　　　　　党项族货币

模仿汉族货币创制而成

拉下来，再看契丹族和党项族的名片。

王朝名片——辽　　　　　**王朝名片——西夏**

国家：辽　　　　　　　　　国家：西夏

民族：契丹族　　　　　　　民族：党项族

领袖：耶律阿保机　　　　　领袖：李元昊

都城：上京临潢府　　　　　都城：兴庆府

我们已经学习了北宋的建立。现在，让我们从时空上进一步认识这三个政权。请观察地图和时间尺，找出这三个政权之间是什么关系呢？从空间上看，这三个政权分而制之；从时间上看，三个政权并立的时间长达百年。

这是一个政权并立的时代，这也是一个兼容并蓄的时代。在这一时代，农耕文明与草原文明之间的碰撞与交融从未停止，就让我们一起走进这一时代的碰撞与交融。

请找一找不同时期辽与北宋的状态如何？并用简短的语言概括一下。再看西夏与北宋的状态，算一算北宋与辽、西夏之间战和的时间，你能得出什么结论？

北宋与辽之间既有战争，又有和平，但是和平才是民族交往的主流。

第二篇章　巧化干戈为玉帛——民族交融

使宋与辽之间化解了干戈的，是一个意想不到的胜利。请看视频回答问题，战争的结果是谁获得胜利了呢？

宋朝在战争中获得了胜利，辽军很快向宋求和，于是双方签订了澶渊之盟。阅读课本并找出澶渊之盟的内容。

1. 双方约为兄弟之国。

2. 辽撤军，双方各守疆界。

3. 宋给辽岁币（银10万两，绢20万匹）。

4. 在边境开设権（què）场，开展互市贸易。

什么是岁币？原来宋每年都要给辽大量的岁币。什么是権场？你是如何知道的？老师把内容补充完整，让学生在体验中获取有效信息。

澶渊之盟的签订，以一种意想不到的方式，化干戈为玉帛，结束了宋辽的战争局面，开启了和平之旅。那我们应该如何理解意想不到的结局呢？

合作学习：让你意想不到的地方指的是什么？我们应该怎样评价澶渊之盟呢？让我们通过几段材料解读这个问题。

材料一　澶渊之盟签订后的百余年间，人人休养生息，牛羊遍布田野。

——纪录片《中国通史》

材料二　史书记载，澶渊之盟签订以后，双方在边境地区展开贸易，宋用丝织品、稻米、茶叶等与辽换取羊、马、骆驼等。

——《百家讲坛》

材料三　凡四十年不识干戈……则知澶渊之盟，未为失策。而所可痛者，当国大臣，论和之后，武备皆废。

——［宋］李焘《续资治通鉴长编》

材料四　（澶渊之盟）乃最下之策。

——［宋］苏轼《东坡应诏集》

以上材料提出了哪两种观点？你的观点是从哪些材料中得出的呢？你认同哪种观点呢？让我们用小组讨论的方式说一说你的想法吧。谁来分享一下你们小组的成果？

同学们各抒己见，充分表达了自己的观点。那么，究竟应该怎样正确地评价澶渊之盟呢？历史评价的标准：是否有利于社会生产的发展，是否有利于人类的进步。

合作探究：根据评价标准，我们对澶渊之盟是持肯定态度还是否定态度呢？从整个中华民族的发展来看，澶渊之盟结束了宋辽之间几十年的战争，使此后宋辽边境长期处于和平稳定的状态。双方频繁的交往不仅促进了民族关系的交融，更有利于多民族国家的发展和统一，因此它的签订是值得肯定的。这真是一个意想不到的收获。请你结合视频说一说都有哪些意想不到的收获呢？

一纸盟约，巧妙地化解了一场两败俱伤的战争，宋朝用名声上的折损换来了近百年的和平安定。为辽和北宋的长期发展创造了条件。

历史用事实再次证明了和平才是稳定、长期发展的重要保障。

同样，宋与西夏也进行了议和。

庆历四年（1044）达成和议，宋册封元昊为"夏国主"，元昊对宋称臣，结束战争状态。宋每年予西夏"岁赐"绢15万匹，银7万两，茶3万斤。

——张帆《中国古代简史》

宋夏合约促进了社会的发展和民族的交融，也带来了一个出人意料的收获。

议和后，宋夏边界贸易兴旺，宋夏商业贸易物品种类繁多，有牲畜、毛织品、丝织品、瓷器、香料、药物、书籍等。据《宋史·食货志》记载，单属于西夏方面的货物就有不下数百种……

——《北宋与西夏商业贸易的特点探析》

宋与辽西夏的议和，不但促进了游牧文明、农耕文明的经济发展，更带来了民族间的交融，这种交融始终是以少数民族学习中原先进文明为主题而进行的。让我们进入第三篇章。

第三篇章 明月清风共一家

史料实证：根据材料，分析宋、辽、西夏三个政权有哪些共识？

史料一：宋朝尊奉炎帝神农为感生帝，真宗尊黄帝……这正是中国人自称炎黄子孙，中华民族生生不息的奥秘所在。

——摘自《华夏风范：属于炎黄子孙的中华共同体》

史料二：辽之先出自炎帝。

——《辽史》

史料三：西夏对拓跋鲜卑具有同祖认同意识，具有自己也是"炎黄子孙"的认同意识。

——摘自赵永春《10~13世纪民族政权对峙时期的"中国"认同》

形成共识：我们都是中华儿女，我们都是中国人。

【立德树人培养】斗转星移，千年已过。今天的契丹族和党项族早已经融入中华民族大家庭中，一个疆域辽阔、民族众多的大中国逐渐展现在世人面前。对文化的认同、对民族的认同、对国家的认同，让我们像石榴籽一样紧紧地抱在一起，因为我们都是一家人，我们都是中国人。

第八篇　马克思主义的诞生

 **设计意图**

　　本课围绕马克思主义诞生的背景、马克思主义诞生的标志、马克思主义的影响三个角度进行解读，基于上述内容，本课巧妙构思成三个篇章。一是通过揭示资本主义社会的发展特征、揭示资本主义的罪恶、揭示两大阶级的矛盾对立，深化了对社会存在决定社会意识的认识；二是通过对马克思个人的分析和历史发展阶段特征的解读，既彰显了马克思个人的家国情怀，又突出了马克思主义诞生的迫切性、科学性；三是通过对巴黎公社的学习，看到了马克思主义强大的生命力，同时也说明无产阶级的斗争任重道远。

学习目标

　　1. 掌握空想社会主义、《共产党宣言》的主要内容，了解马克思主义产生的经济、阶级和思想背景。了解马克思主义对国际工人运动的影响，及巴黎公社的基本内容。

　　2. 通过对空想社会主义与科学社会主义的对比，深刻认识科学社会主义理论的正确性，培养学生的历史解释能力。

　　3. 理解马克思主义产生的世界意义，树立崇高的共产主义理想。

 **导入新课**

导入设计：有一片阳光，照亮四方，带我们一路同行，追随美丽梦想。有一个信仰，穿透迷茫，点燃我们的激情，为真理而歌唱。这个信仰就是马克思主义。

一百多年来，没有一门学说像它那样彻底改变着人类社会发展的历史进程，没有一门学说像它那样具有强大的生命力和时代感。马克思主义是怎样穿透迷茫，照亮四方，又是如何指引方向，开创辉煌的呢？让我们一起走进这段历史。

整体感知

第一篇章 天堂·地狱——颠倒的世界
第二篇章 导师·传承——壮丽的日出
第三篇章 新歌·壮举——伟大的尝试

过程设计

运用英国作家狄更斯在《双城记》中的"时代"背景导入第一篇章。

这是一个最好的时代，这是一个最坏的时代；

这是一个光明的季节，这是一个黑暗的季节；

人们面前应有尽有，人们面前一无所有；

人们正踏上天堂之路，人们正走向地狱之门。

谁在直升天堂？谁又在走向地狱呢？

让我们进入第一篇章。

第一篇章　天堂·地狱——颠倒的世界

合作探究一组材料，思考：

（1）资产阶级过着怎样的生活？

（2）下层民众过着怎样的生活？

统治者穷奢极欲，极尽奢靡……维多利亚女王每天的收入164英镑17先令60便士……而成千上万工人每天每人收入只有两三个便士。

——《英国宪章运动工人请愿书》

总结：创造财富的人越来越贫困，坐享其成的人越来越富有。富人在天堂，穷人在地狱。穷人与富人、企业主与工人之间对立相当严重。这是一个罪恶的渊薮，这是一个"颠倒的世界"。

过渡：怎样使这个颠倒的世界走上正常的轨道呢？许多仁人志士进行了探索，并对未来社会提出了美妙的憧憬。

教师：其中一个突出的代表就是傅里叶。他对未来是怎样憧憬的？

学生：傅里叶主张工人和资本家，穷人和富人共同劳动，消除阶级对立，构建"法郎吉"。这个美妙的憧憬能实现吗？

过渡：无限的憧憬幻化成了无尽的失望，他的憧憬是根本无法实现的空想。

为什么他的憧憬成了空想？我们一起听一听专家的解读。（结合视频材料）

1827年，傅里叶呼吁百万富翁或王公贵族出钱支持他进行"法朗吉"试验，他每天中午12点在家中恭候。12点的钟声敲响了，傅里叶每天准时在家里等待着，等待着某一位百万富翁的到来，支持他实现"法郎吉"的梦想。时间一天天过去了，他所等待的富翁始终没有出现。1837年10月，傅里叶在无望的等待中离开了人世，他家的时钟永远定格在中午12点。

空想社会主义学说最早见于16世纪莫尔的《乌托邦》。19世纪30年代和40年代，空想社会主义发展到顶峰时期，代表人物有法国的圣西门、傅里叶和英国的欧文。他们对未来的理想社会提出许多美妙的天才设想，主张建立

"人人平等，个个幸福"的新社会。但空想社会主义不能揭示资本主义的根本矛盾，不懂得阶级斗争，没有认识到无产阶级的历史使命，所以只能是一种无法实现的空想。

总结：从乌托邦到法郎吉再到欧文"新和谐公社"的沉没，人类在空想社会主义道路上前赴后继地艰辛跋涉了300多年，留下的是一曲曲动人心魄的空想悲歌。

过渡：空想社会主义者的憧憬并没有改变这个颠倒的世界，工人阶级为了改变自己的命运，发出了无奈的怒吼。

19世纪三四十年代，欧洲工人阶级发出了怎样的吼声？不仅要求改善生活待遇，还积极争取政治权利。

结果如何呢？工人运动虽然屡屡失败，但意义重大。

工人运动虽然屡屡失败，但破坏工厂、组织集会，甚至向资本家以命相搏的抗争却让欧洲的统治阶层不寒而栗，也为马克思的诞生提供了阶级和实践基础。同时，它也证明，无产阶级反对资产阶级的斗争需要科学的革命理论指导，才能取得胜利。

——吴于廑、刘祚昌《世界近代史》

请同学们结合材料分析意义。合作探究，得出结论：

显示了工人阶级的力量，工人阶级觉醒；

为马克思主义的诞生提供条件；

证明工人斗争需要科学理论指导。

过渡：历史送走了空想社会主义的虚幻，迎来了科学社会主义的曙光。马克思和恩格斯，这两个德国人来到了历史的聚光灯下，像一轮朝日喷薄欲出。

第二篇章　导师·传承——壮丽的日出

过渡：千百年来，人类向往没有人压迫的美好社会。为了寻找通往这条美好社会的道路，马克思和恩格斯用理性与坚忍，拨开了重重迷雾。

请阅读材料思考问题：为创立科学社会主义，马克思和恩格斯付出了怎样的努力？

材料一　马克思和恩格斯深入了解和研究空想社会主义、英国的古典政治经济学以及德意志古典哲学等著作，努力从人类创造的一切文明成果中汲取养料，于1846年出版《德意志意识形态》，创立唯物主义历史观。

材料二　马克思和恩格斯亲自实地考察工人的生活，建立共产主义通讯委员会，通过与各国共产主义者进行信件往来，传播思想、了解情况，指导工人运动。

材料三　在马克思的教育和培养下，李卜克内西、倍倍尔、拉法格等新一代工人运动领袖，逐渐成长起来。他们在各国工人运动中，发挥了重要作用。

材料四　1847年6月，指导建立了共产主义者同盟，这是人类历史上第一个无产阶级政党。

总结：马克思和恩格斯的一生，是胸怀崇高理想、为人类解放不懈奋斗的一生；是不畏艰难险阻、为追求真理而勇攀思想高峰的一生；是为推翻旧世界、建立新世界而战斗不息的一生。

共产主义者同盟是第一个无产阶级政党，让我们来了解一下。

共产主义者同盟的前身叫正义者同盟，是19世纪30年代成立的德国工人和手工业者的秘密革命组织。1947年，应马克思和恩格斯要求，改称共产主义者同盟。同年年底，共产主义者同盟在伦敦举行第二次代表大会，明确规定同盟的目标是：推翻资产阶级，建立无阶级统治的、无私有制的新社会。

正是这次大会，委托马克思、恩格斯起草同盟纲领，从而产生了国际共产主义运动第一个纲领性文献《共产党宣言》。

《共产党宣言》是全世界工人阶级的圣经，犹如壮丽的日出，照亮了人类探索历史规律和寻求自身解放的道路。

让我们重读经典，下列材料均选自《共产党宣言》。

材料一　资本主义在促成财富、资本积累的同时，也加速了对工人阶级的剥削，破坏了财富生产者的生存条件。

（1）《共产党宣言》指出造成无产阶级贫困的根源是什么？

材料二　代替那存在着阶级和阶级对立的资产阶级旧社会的，将是这样一个联合体，在那里，每个人的自由发展是一切人的自由发展的条件。

（2）《共产党宣言》给人类描绘了一个怎样的世界？

材料三　共产党的最近目标是……推翻资产阶级的统治，由无产阶级掌握政权。无产阶级是资产阶级的掘墓人，是新社会的创造者。

材料四　全世界无产者，联合起来！

（3）如何实现这一美好蓝图？

总结：马克思主义是人民的理论，第一次创立了人民实现自身解放的思想体系；马克思主义是实践的理论，指引着人民改造世界的行动。

过渡：在人类思想史上，没有一种思想理论像马克思主义那样对人类产生了如此广泛而深刻的影响。（看视频找答案）

社会主义理论由空想到科学；

指导和推动了国际工人运动；

改变中国，改变世界。

总结：《共产党宣言》加快了全人类追求自由和权利的脚步。1871年3月28日，巴黎市政厅广场欢声雷动。

胜利啦，人民大众欢声雷动。

光华灿烂地展现着新的前景。

拨开帝国的迷雾，耻辱的云翳（yì），

人们终于见到天日，扬眉吐气。

平等的蓝图开始在脑海中形成。

——鲍狄埃《巴黎公社》

巴黎市民为成立巴黎公社而欢呼，人民所梦寐以求的事物终于变为了现实。这欢呼声汇成了一首壮丽的新歌。

第三篇章　新歌·壮举——伟大的尝试

巴黎公社赋予人民哪些自由和权利呢？用史料实证，得出结论。

材料一　3月29日，法令废除资产阶级常备军，代之以国民自卫军；废除旧的警察和司法机构，建立由选举产生的治安委员会和司法委员会。同时，规定选举者可以随时监督和罢免被选举者。

材料二　4月1日，法令规定各公社机关职员最高薪金每年为6000法郎（相当于当时法国熟练工人的工资）。兼职不得兼薪。

材料三　4月16日，法令规定将逃亡业主所遗弃的工厂转交给工人合作社。

材料四　4月20日，法令废止面包工人夜工制。

这是人类历史上的一次创举，为后来的工人运动提供了宝贵的经验，即夺权方式采取暴力革命。

政权建设：打碎旧的国家机器，建立新的国家机器；废除资本主义私有制。

总结：巴黎公社是人类历史上第一个无产阶级政权，真正实现了人民当家作主。资产阶级对这个新生政权的态度是仇视、敌视、消灭……公社成员表现出伟大的精神，他们誓死捍卫，用生命谱写出了一曲悲壮的国际歌。

巴黎公社虽然失败了，但正如马克思所说，公社产生的影响是永恒的，它激励着全世界无产阶级为建立新世界的梦想而继续奋斗。

结束语：

岁月承载着历史的脚步，

大地积淀了文明的精华。

不惧神威，不畏闪电，也不怕天空的惊雷。四十年如一日的钻研奋斗，马克思为人类点亮思想的灯塔，开辟了人类发展的崭新道路。

恩格斯说过："一个民族要想站在科学的最高峰，就一刻也不能没有理论思维。"中华民族要实现伟大复兴，也同样一刻不能没有理论思维。马克思主义始终是我们的指导思想，是我们认识世界、改造世界的强大思想武器。

【立德树人培养】

不忘初心，继续前进，我们仍要学习和实践马克思主义，继续坚持中国特色社会主义道路自信、理论自信、制度自信、文化自信，确保中华民族伟大复兴的巨轮始终沿着正确航向破浪前行。

我们坚信，万水千山，最美中国道路；

我们坚信，雄关险滩，中国梦圆成真。

新时代，中国共产党人仍然要学习马克思主义，更有定力、更有自信、更有智慧地坚持和发展新时代中国特色社会主义。

创新是一个民族自强不息的灵魂，一个国家兴旺发达的动力，一个政党永葆生机的源泉，一个与时俱进的理论品质。

从"一个幽灵，共产主义的幽灵，在欧洲大陆徘徊"，到超过世界总人口五分之一的人类，在超过世界总陆地面积十五分之一的土地上，坚持马克思主义指导地位，用发展着的马克思主义指导新的实践，我们怎能不发自内心地执着坚信——

马克思主义的强大生命力来自实践、实践、再实践；

马克思主义的强大生命力来自创新、创新、再创新。

第九篇　辽宋夏金元的文化

设计意图

　　本课采用篇章式教学，以文化自信为主线，一是通过阅读史料和教材文本，提取史料信息，归纳儒学复兴背景和理学家的主张，学生能够增强实证意识，领会理学家所倡导的社会责任感、使命感、民族气节，有利于发扬中华民族优良传统，树立正确价值观。

　　二是通过文字、音频、视频等资料，学生能够通过品鉴优秀的文学艺术成果，领会其艺术特色，进而了解此时文化产生的特定时空，体会一定时期的思想文化是一定时空的特有产物。

　　三是关注辽宋夏金元时期领先世界的科技，帮助学生树立对国家和民族文化的认同感和自豪感，树立文化自信。

　　四是通过了解少数民族文字的多元性，认识少数民族在大一统国家中的贡献，树立正确的民族观和国家观。

学习目标

　　1. 知道儒学、宋词元曲、科技、少数民族文字的发展历程及成就。

　　2. 通过对理学、文学艺术、科技发展的解读，分析它们带来的社会影响。

　　3. 认识辽宋夏金元的文化对推动民族认同和人类文明进步的重大意义。

 **导入新课**

　　课前视频：激发学生的学习兴趣，激活学生探究问题的热情。

　　导入语：同学们，让我们带着自豪的心情，欣赏一段光辉的历史视频。其中呈现的异彩纷呈的文化景象，震古烁今的伟大成就，镌刻在中华文明的丰碑上，流淌在中国儿女的血液中。中华文明，光耀千秋，泽被后世。让我们带着民族的荣光，走进辽宋夏金元时期，重温那段不凡的历史，品鉴那时的文化盛宴。根据课标要求，我们把本节课分为4个篇章。

 **整体感知**

第一篇章　信仰重塑焕生机——儒学的复兴
第二篇章　雅俗共赏映时代——文学艺术
第三篇章　独领风骚泽后世——科技
第四篇章　多元共存润中华——少数民族文字

　　过渡：《哈佛中国史》中称赞宋朝是一个转型的朝代，是开启现代曙光的中国"文艺复兴"时代。宋朝思想领域取得了怎样的成就，值得这样称赞？让我们走进第一篇章，信仰重塑焕生机——儒学的复兴，一起来探寻。

过程设计

第一篇章　信仰重塑焕生机——儒学的复兴

宋朝为什么要复兴儒学呢？我们先从儒学发展沿革看，儒学面临什么问题？
教师：春秋战国时期产生发展，汉代尊崇儒术，确立正统地位成为主流意识形态，到了魏晋，佛道盛行，隋唐奉行三教并行政策，儒学正统地位受到严重冲击。结合下列材料，自主探究，合作学习。

材料一　五代之乱，君不君，臣不臣，父不父，子不子，至于兄弟、夫妇，人伦之际，无不大坏，而天理几乎其灭矣。

——欧阳修《〈新五代史·一行传〉序》

材料二　（唐代）《五经正义》完成了五经内容上的统一，此后，注释儒经必须以此为标准，不许自由发挥。颁布后直到宋初，实行三百年之久。

——《中国通史》纪录

教师：三纲五常、伦理道德等儒学的信仰核心，在当时社会怎样了呢？

学生：遭到破坏。

教师：对，纲纪松弛，传统儒学核心信仰被抛弃，儒学信仰出现了严重危机。

教师：危机中思变。此时，儒家学说自身又出现了什么问题？再看材料。

学生：儒学僵化，束缚思想一直未变，未随时代变化而变化。

教师：学说僵化，其自身有缺陷。

小结：这时的儒学地位受冲击，信仰现危机，自身存在缺陷，说明传统儒学已经不适应时代发展的需要，亟须变革。振兴儒学，势在必行。重塑信仰，刻不容缓。

教师：宋朝儒学的复兴是与一群人物分不开的。一群士大夫，站在历史变革的时间节点，以心忧天下的责任担当，革故鼎新的勇气，勇敢地承担起复兴儒学的大任。一群觉醒的士大夫，用自己的行动，使儒学在继承中发展，在发展中创新。

教师：我们来了解一下他们的主张，合作探究问题。

材料一　宇宙之间，一理而已……天得之而为天，地得之而为地，凡生于天地之间者，又各得之而为性。其张之为三纲，其纪之为五常，盖皆此理之流行，无所适而不在。

——［南宋］朱熹《晦庵先生朱文公集》

材料二　天理人欲，不容并立……天理存则人欲亡……遏人欲而存天理。

——［宋］黎靖德《朱子语类》

材料三　程子谓：今日格一件，明日格一件，积习既多，然后陀然自有贯通处。一事不穷；则阙了一事道理，一物不格，则阙了一物道理。

——［宋］黎靖德《朱子语类》

学生：阅读思考回答。

教师：（总结）理学代表了宋代思想的最高水平，它坚持儒家道德规范，追求性善、圣贤、气节等，提高了儒家伦理的地位，把道德良知深植于内心，把追求圣贤推广到民众，体现了儒学的高度成熟。

教师：这些主张的主要贡献者是朱熹和"二程"，因此被称为程朱理学。程朱理学的形成，代表儒学的复兴。那么，何为儒学复兴？请同学们观看视频，进行讨论，分享你的收获。

呈现材料，进一步解读和理解"儒学复兴"的内涵。

材料一　为天地立心，为生民立命，为往圣继绝学，为万世开太平。

——［北宋］张载

材料二　程朱理学是继承了孔孟思想，冲破了汉唐儒学的束缚，强调了道德品质、突出责任担当的儒学体系。

学生：……

教师：儒学复兴的核心是儒学精神内涵的回归。

过渡：回应时代呼唤、重塑信仰、完成复兴的理学，对当时和后世产生了怎样的影响？（看材料）

材料一

先天下之忧而忧，后天下之乐而乐。　　　——［北宋］范仲淹

人生自古谁无死，留取丹心照汗青。　　　——［南宋］文天祥

天下兴亡，匹夫有责。　　　　　　　　　——［明］顾炎武

苟利国家生死以，岂因祸福避趋之。　　　——［清］林则徐

材料二　1241年，宋理宗淳祐元年开始，周敦颐、"二程"、张载和朱熹得以配享孔子庙庭。到了元代，科举考试明文规定，要使用朱熹的注释，这样，程朱理学便上升到了官方学术的地位，理学的独尊地位开始确立。

——卜宪群等《中国通史》

材料三　朱熹等创办书院，传播理学，合编"四书"，作为蒙学读物，把儒家的理念传达到百姓中去。

——摘自《理学大师：朱熹》

学生：……（阅读，回答）

教师：……（逐一点评总结）

民族精神被振奋；

儒学被官方尊崇；

儒学被民间认同。

总结：在这个时代，宋代儒学者以深厚的家国情怀和责任担当，把爱国之情、报国之志融入复兴儒学中。理学以新姿态站在我们面前。

自古以来，我国知识分子就有"为天地立心，为生民立命，为往圣继绝学，为万世开太平"的志向和传统。我们要继承先贤的志向和传统，立时代潮头，担负起历史赋予的光荣使命。作为深受传统文化熏陶的学子，成长为担当民族复兴大任的时代新人。

过渡：《中国通史》记载，宋代文学处在从"雅文学"到"俗文学"演变的承前启后的阶段。

教师：什么是雅文学？什么是俗文学？

师生互动，宋元时期的文学艺术，别具风韵，呈现出典雅与通俗并行的时代特色。让我们进入第二篇，雅俗共赏映时代——文学艺术。

第二篇章　雅俗共赏映时代——文学艺术

教师：我们先从唐诗宋词对比角度品鉴宋词的特色。（放录音）相对于
　　　唐诗，宋词有什么特点？

望岳

杜甫

岱宗夫如何？

齐鲁青未了。

造化钟神秀，

阴阳割昏晓。

……

会当凌绝顶，

一览众山小。

江城子·密州出猎

［宋］苏轼

……

酒酣胸胆尚开张，

鬓微霜，

又何妨！

持节云中，

何日遣冯唐？

会挽雕弓如满月，

西北望，

射天狼。

学生：（听音频，比较回答）宋词更加灵活，便于抒发感情，更适应市
井生活需要。

材料一　大江东去，浪淘尽，千古风流人物。　　──［北宋］苏轼

醉里挑灯看剑，梦回吹角连营。　　　　　──［南宋］辛弃疾

材料二　今宵酒醒何处？杨柳岸，晓风残月。　　──［北宋］柳永

此情无计可消除，才下眉头，却上心头。　──［南宋］李清照

材料三　大儿锄豆溪东，中儿正织鸡笼。

最喜小儿亡赖，溪头卧剥莲蓬。　　　　　──［南宋］辛弃疾

教师：再从宋词流派对比，品鉴宋词风格。（播放录音）词风……

学生：（听录音，品味）豪放/高雅，婉约/通俗，直白/通俗。

教师：（总结）宋人审美，雅到极致，又俗得可爱。这正反映了雅俗共

赏的文学特色，也反映了商品经济繁荣下的市井生活气息。（时代是文学的底色）

教师：宋词如此，宋代艺术代表的绘画又怎么样呢？

教师：我们一起聆听专家的讲解。留给你深刻的感受是什么呢？

学生：不仅雅俗共赏，而且赋予了理学教化功能。

教师：典雅、意境、教化。希望同学们也要做一个有道德修养的人。

教师：我们通过一段短片，来认识元代文学。（观看视频后）元代文学有何成就？

学生：杂剧、散曲，水平高，受喜爱，更通俗。

教师：对。元杂剧标志着中国古代戏曲艺术的成熟，代表作家关汉卿、王实甫等，深受人们喜欢。

总结：无论宋词还是元曲，既体现出文人雅趣，又彰显了市井气息。雅俗共赏正是这一时期商品经济繁荣背后的生活气息的见证。

无论宋词还是元曲，都是当时人们对于文化生活需求的体现，都是中华民族灿烂文化宝库中的瑰宝，具有很高的文学价值与艺术成就，值得我们传承和发扬。

过渡：李约瑟说，宋元科技也发展到一个新的高度，呈巅峰状态。这一时期的科技，独领风骚，泽被后世。让我们进入第三篇章，独领风骚泽后世——科技。

第三篇章　独领风骚泽后世——科技

教师：提起宋元科技，你首先想到的是什么？对，三大发明。哪位同学来向我们详细介绍？

教师：宋元时期还有一群务实的科学家。他们是……你知道他们的成就吗？（提问）……（追问）我们发现，宋元科技集中于……领域，这说明了什么？

学生：天文历法和农学领域，农业生产的需要。

教师：这些科技是适合中国农耕文明国情的，他们是关注民生的、有情怀的科学家，心系天下的科学家。

教师：宋元科技的外传，又产生了怎样的影响？请看视频。（播放视频后）宋元科技的外传，产生了怎样的影响？

三大发明给中国人民带来无比的自豪和骄傲，中国古代科技为世界文明的进步做出了突出的贡献，是中国的荣耀，更是世界的荣耀。

总结：宋元时期的科技，不仅影响此后近千余年中国社会的发展，也影响了整个世界的历史进程。中国文明为人类文明进步做出了重大贡献。

过渡：文字是文化的符号，是文明的标志，是传承和发扬文化的载体与工具。在农耕文明与游牧文明的交融中，少数民族政权创制的文字，深受汉文化的影响，又各具民族特色，滋润着中华文明。让我们进入第四篇章，多元共存润中华——少数民族文字。

第四篇章　多元共存润中华——少数民族文字

教师：辽、西夏和金国的文字有何特点？

学生：模仿汉字。

教师：对，它们一脉相承，也体现了他们是善于学习的民族、敢于创新的民族。学习和创新是一个民族、国家前进的不竭动力。

教师：我们再看蒙古族创制的文字。（请看材料）你会发现什么？

学生：与汉字一点都不一样。

教师：对，这是民族特色。

教师：这种多元并存的文化现象，在同一时空内丰富了中华文化，促使各民族间深度融合，深化了多元共存的家国认同。它们一起融入博大丰富的中华文明当中，成为传统文化的亮点，历史的传奇。

总结：在这个文明交融、文化认同的时代，不同民族、不同地域、不同特色的文化，汇集成一幅波澜壮阔的历史画面，丰富了中华文明的内涵。

课堂总结：

时至今日，尽管历经千年岁月，但是中华文明不曾中断，一脉相传。辽宋夏金元时期，各民族共同孕育了灿烂的文化，已经完全融入中国人的记忆里，不仅温润了时代，涵养了人文，而且滋养了我们的民族精神。这正是中华文明的魅力所在，成为中华民族自信的精神源泉，并使之成为鼓舞我们前进的最深层次的动力。

第十篇　隋朝的统一

设计意图

　　隋朝的统一是中国古代历史上非常重要的历史事件。隋朝是一个承前启后的朝代，也是一个结束长期分裂、实现大统一的时代。通过本节课的学习，一是从时空上进一步理解分裂中孕育着统一的因素；二是从隋朝统一的过程中，进一步了解隋文帝为完成统一做出的突出贡献，感悟隋文帝的人格魅力；三是隋朝的统一既是历史发展的必然，也是人心所向、大势所趋，进一步体会认识统一多民族国家巩固发展的历史意义，增强民族自信心和自豪感。

学习目标

　　1. 从时空上了解隋朝的建立和统一，认识隋朝统一对历史发展的重要意义。
　　2. 通过史料实证，分析理解隋朝的统一到创造盛世的原因及表现。
　　3. 通过隋文帝建立隋朝到隋朝的统一的过程，认识历史人物在历史上的地位及影响。

导入新课

　　（播放视频）杨坚所开创的盛世，就像烟花一样，骤然升起，无比绚烂，却又很快如烟消散。这个被命名为"隋"的王朝，接下来所做的一系列抉择，将深刻影响千秋万代。让我们走进那个朝代，重温那一段辉煌的历史——隋朝的统一。

围绕学习目标，我们将本节课设计为3个篇章。

整体感知

第一篇章　建政权·顺势而为 ——隋朝的建立
第二篇章　谋统一·迎势作为 ——统一的条件
第三篇章　创盛世·乘势敢为 ——统一的意义

过程设计

教师：视频中的帝王是谁呢？

学生：隋文帝杨坚。

教师：杨坚到底是怎样的一位帝王？今天让我们走进杨坚生活的那个时代，
　　　探寻杨坚创建伟业、实现统一的辉煌历程。

第一篇章　建政权·顺势而为——隋朝的建立

教师：研读下列材料，请同学们根据材料完成下面的学习任务。

材料一　杨坚继承了父亲杨忠（当时的大将军）的隋国公爵位，杨坚的女儿是北周皇帝的皇后，因此他又是北周皇帝的岳父。由此可见，杨坚不仅是军事统帅，而且是皇亲国戚，享有很高的政治地位。

——韩国磐《隋唐五代史纲》

材料二　高祖（杨坚）大崇惠政，法令清简，躬履节俭，天下悦之。

——《隋书·高祖纪》

材料三　北周皇帝宇文阐于579年继位，年仅7岁。580年，杨坚接受遗命，成为辅政大臣。大定元年（581年）二月十三日，宇文阐（9岁）禅让帝位于杨坚，居于别宫。杨坚登基，隋朝建立，北周灭亡。

——韩国磐《隋唐五代史纲》

教师：从材料一可以看出杨坚是一个怎样的人？

学生：外戚，出身尊贵，位高权重。

教师：从材料二可以看出杨坚是一个怎样的人？

学生：仁政爱民，深得民心。

教师：从材料三又能看出什么呢？

学生：皇帝年幼，被迫禅让。杨坚夺权，建立隋朝。

过渡：杨坚的出身加上当时北周的政治形势，使他兵不血刃地取得当时北周的政权，并建立隋朝。请同学们快速阅读课本，找出隋朝建立的时间、人物、都城。隋文帝取得政权后，当时的政治形势怎样呢？

教师：从时空看，版图分裂，实现统一还差半壁江山。陈统治下的江南人民是怎么样的呢？

学生：生活困苦，民不聊生。

教师：面对如此情况，隋文帝曾向大臣高颖说："我为百姓父母，岂可限一衣带水，不拯之乎！"这既表达了隋文帝统一全国的愿望，也彰显了他实现全国统一的坚定决心。隋文帝于是顺势而为，积极为统一做准备。隋文帝都做了哪些准备？从材料中寻找答案。

材料一 ……隋文帝废除郡这一级，且并省了不少州县，裁汰了一些冗官，从而节省了一笔开支，而且提高了行政效率。这些都有利于中央对地方的控制，有利于统一。

——韩国磐《隋唐五代史纲》

材料二 隋文帝一改过去"兵民分治"而为"兵民合治"，完成了"兵农合一"的工作。

——韩国磐《隋唐五代史纲》

学生：废郡，裁撤冗官，加强对地方控制，实现兵农合一，军事力量不断增强。

教师：从材料中可以看出，隋文帝能够顺势而为，积极为统一做准备，统一大业已经落到了隋文帝的身上。这正是分裂割据三百年，南北分离苦堪言。何时统一共太平，且看隋文帝杨坚。

过渡：隋文帝杨坚能否担负起统一全国的伟业呢？隋文帝为何能统一全国呢？让我们共同探讨，进入第二篇章。

第二篇章　谋统一·迎势作为 ——统一的条件

教师：有人说三国两晋南北朝时期既是一个最为混乱的时代，也是一个民族交融的时代，更是一个孕育统一的时代。那么这个时代究竟是什么样子的呢？（出示材料）通过这份材料看一看说明了什么？

材料

长期的分裂使南北阻隔，严重阻碍了不同区域间正常的经济文化交流，社会人群的生活动荡不定。在族群融合、文化趋同的情况下，人们要求打破南北分裂政治壁垒的愿望越来越强烈。结束分裂战乱、实现统一已是一种普遍的社会心理趋向，统治集团采取措施适应这一社会心理趋向是历史发展的必然要求。

——《论述隋朝全国复归统一的原因》

学生：人心期盼统一，分裂中孕育着统一的因素。

教师：由此可见，统一是大势所趋。

（出示材料）下列材料说明了什么？

材料一

（陈后主不问政事）朝亦醉，暮亦醉，日日恒常醉，政事日无次。

——《隋书·刑法志》

材料二

桃叶复桃叶，渡江不用楫，但度无所苦，我自迎接汝。

——王献之《桃叶歌三首·其三》

学生：南方的陈政治腐朽，必然灭亡，人民苦不堪言，期盼统一。

过渡：一个腐朽的王朝无疑是给予一个即将完成统一王朝的最好的礼物。由此可见，统一的时机已经成熟。隋文帝顺势而为，吹响了灭陈的号角，开始了统一全国的大业。

教师：请同学们阅读材料，你们能从材料中得到哪些信息呢？

材料

隋开皇八年（588年），隋文帝杨坚命令晋王杨广率领50余万人的水陆大军，进行对陈朝的进攻。隋军展开大规模的渡江作战。次年（589年）正月，陈都城被攻陷，陈后主投降隋朝，陈宣告灭亡。

——韩国磐《隋唐五代史纲》

学生：589年，隋朝实现了全国统一。

教师：还有什么信息吗？其实我们还能看出，隋朝灭陈前后用了不到4个月，为何如此之快呢？

教师：正如赵翼所说的"古来得天下之易者，未有如隋文帝者"，杨坚建立政权"易"，统一全国也很"易"。那么隋朝统一有哪些有利条件呢？一是统一顺应时代的要求，人民渴望统一；二是隋文帝积极改革，具备了统一的实力；三是采取了正确的统一策略。

教师：历史上，还有哪些大统一的王朝呢？

学生：有秦朝、汉朝、西晋等。

教师：历史上的大统一来之不易，给我们带来了深刻的启示，那就是统一是历史发展的必然趋势；统一顺应了时代的要求，统一符合人民的愿望，得民心者才能得天下。这正是"迎势作为隋文帝，顺应趋势谋统一，莫道天下来之易，既得民心又顺时"。

过渡：著名史学家范文澜这样说："隋文帝主要的功绩，在于统一全国后，实行各种巩固统一的措施，使连续三百年的战事得以停止，全国安宁，南北民众获得休息，社会呈现空前的繁荣。"隋朝的统一，建立的到底是一个怎样的盛世呢？我们进入第三篇章，通过不同的视角透视隋的盛世。

第三篇章　创盛世·乘势敢为——统一的意义

教师：从时空演变透视隋朝的统一有何意义呢？请同学们结合魏晋南北朝地图和隋朝统一后的地图，从中寻找答案。

学生：隋朝的统一结束了长期分裂的局面，顺应了统一多民族国家的历史发展大趋势。

过渡：隋朝最瞩目的成就是完成了统一。统一后，隋文帝乘势敢为，锐意改革，开启了经济繁荣、国力强盛的大隋王朝。

教师：我们通过一份材料来看隋朝的盛世。这是当时洛阳的含嘉仓的历史记载，请同学们阅读材料，思考当时隋朝的粮仓有何特点？

材料一

隋氏西京太仓、东京含嘉仓、洛口仓、华州永丰仓、陕州太原仓，储米粟多者千万石，少者不减数百万石。

——《通典·食货》

材料二

含嘉仓是隋朝在洛阳修建的最大国家粮库。经考古发掘，含嘉仓遗址面积40多万平方米，有数百个粮窖。仓窖口径最大的达18米，最深的达12米。隋文帝末年，国家储备的物资和粮食可以供应全国五六十年。

——人教版《中国历史》七年级下册

材料三

隋家储洛口……而李密因之……西京府库，亦为国家之用，至今未尽……古今称国计之富者，莫如隋。

——［南宋］马端临《文献通考》

学生：规模大，储粮多。

过渡：正如贾谊所说："夫积贮者，天下之大命也，苟粟多而财有余，何为而不成？"隋朝的盛世还有哪些表现？

学生：人口激增，垦田扩大。

教师：正如《文献通考》所说：古今称国计之富者，莫如隋。隋朝富在人口，富在田地，富在粮食，富在天下之一统。而疆土、人口、垦田、粮食也是检验古代封建王朝是否强盛的重要标准。

过渡：隋朝经济发展、国力强盛的原因又是什么呢？国家统一是经济发展的前提与保障，再者就是与隋文帝采取的巩固措施分不开。同学们能在课本中找到答案吗？

学生：课本中所提到的隋朝统一的措施。

过渡：后世人眼中的隋朝的盛世是什么样的呢？

教师：《剑桥中国隋唐史》这样评价道："隋朝创造了一个中央集权帝国的结构，在长期政治分裂的各地区发展了共同的文化意识，这一切同样了不起……它的成就肯定是中国历史中最引人注目的成就之一。"

过渡：由此可见，隋朝的统一可谓"鸿恩大德，前古未比"。作为实现统一的隋文帝更是功不可没，励精图治隋文帝，革新图强创盛世。这又是一次大一统，承前启后的奠基石。

结束语：著名隋唐史研究教授蒙曼在讲史时说："隋朝就像流星一样，瞬间璀璨，瞬间毁灭，勃兴速亡，魅力十足！"隋朝虽历经38年，二世而亡，但隋文帝和隋炀帝给后世带来了诸多的反思与借鉴。我们深知：统一是历史发展的必然趋势，顺应历史发展大趋势者则兴，得民心者得天下，失民心者失天下。这是最好的启迪。

【立德树人培养】通过本节课的学习，能够从隋文帝身上看到锐意改革、担当作为的个性品格；从隋朝统一的发展历程，感悟统一是人心所向、大势所趋，是历史发展的必然。我们要树立正确的中华民族历史观，提高民族自信心和自豪感，增强民族凝聚力。

第十一篇　辽宋夏金元的经济与社会

设计意图

　　从中国古代史的结构来看，辽宋夏金元时期上承隋唐五代史，下启明清史，是统一多民族封建国家的进一步发展的时期。从内容上看，该时期的经济发展包括农业和手工业的发展、商业和城市的繁荣、经济重心南移和社会变化等，内容含量比较大。基于以上分析，对本课进行如下设计，首先，主线是抓住"变化"一词，采用倒叙的方式，从社会变化的现象入手，由社会变化的原因推及经济的变化，再由经济的变化，进一步推导经济繁荣的原因，由表及里，层层深入。其次，副线是把宋代经济与社会的发展放到历史的长河中去观察，认识宋代发生变化的时代特征。将本课内容整合为三个篇章，通过表格、视频及时间轴等方式引导学生归纳、总结变化的表现；以史料研读的方式，引导学生分析榷场的作用和宋代经济发展的原因；通过榷场在各民族之间形成的纽带作用，认识到各民族对中华文明发展的贡献。努力达到自然渗透五大学科素养，即唯物史观、时空观念、史料实证、历史解释、家国情怀的目标。

学习目标

　　1.引导学生通过分析史料概括宋代社会发生的新变化；指导学生借助视频、图片等史料，了解宋代经济变化的表现。

　　2.带领学生依靠可信史料，展开探究，得出宋代经济发展的原因及宋代社会未转型成功的原因，培养学生史由证来、言必有据的实证意识。

3.让学生通过对榷场作用的分析，理解各民族在中华文明的发展历程中发挥的作用；把宋代经济的发展和社会变化的现象置于历史演进的宏观时空中，引导学生理解人类社会从低级到高级发展的规律，培养正确的历史观、民族观。

 **导入新课**

上课伊始，我有一个问题想要考考大家：纵观中国古代史，我们迎来的第一个大变革时期是哪个时代？（春秋战国）此后历史的长河缓慢前进，直到鸦片战争，我们又迎来了三千年未有之变局。从春秋战国之后到鸦片战争之前有两千多年的历史，如果我们把这两千多年的时间进行对折，大家推断折线的中点大概落在哪个朝代？（宋朝）宋朝不仅在时间上很巧合地落在了两次大变革时代的"中轴线"附近，而它自身的发展变化也被无数史学家公认为，是这两千多年中非常特殊的存在。宋代究竟发生了哪些变化？这些变化又因何而产生？让我们翻开写满辉煌的史册，把历史的镜头定格于那段让人流连忘返的时代。

 **整体感知**

第一篇章　万千气象 新风貌
第二篇章　繁华图景 新颜展
第三篇章　探本溯源 寻启示

 **过程设计**

第一篇章　万千气象 新风貌

1.通过材料认识新风貌。设计如下：

材料一 （唐文宗）怒曰："民间修婚姻，不计官品而上阀阅，我家二百年天子，顾不及崔、卢（北方门阀大族）耶？"

——《新唐书》

材料二 1002年，参知政事王旦家中一片哗然。因为科举考试刚结束不久，王旦突然宣布，有意将长女许配给一位名叫韩亿的新科进士。族人都颇为震惊，只因王旦拒绝了众多名门望族的求婚，如今竟提议把女儿嫁给一个寒士出身，而且还带着孩子的鳏夫。

——［美］柏文莉《权力关系：宋代中国的家族、地位与国家》

设问：

（1）两则材料中的父亲分别要把女儿嫁给什么样的人？

（2）说明唐宋婚姻观念有何不同？

（3）体现了社会观念怎样的变化趋势？

（通过设置新的情景，激发学生兴趣，并通过层层设问，引导学生不断深入地思考，步步推导得出结论。）

2.巧设情境认识新风貌，设计如下：

材料一 诉讼案（一）

被告：雇主。

原告：哑巴仆人。

缘由：雇主家雇用一个哑巴为仆，却以为哑巴无法行使其诉讼权，而"累年负其直不偿"。

判词：哑巴得其直。

——整理自［南宋］洪迈《夷坚甲志》

设问：

（1）雇主与哑巴的主仆关系因何缔结？

（2）仆人可以状告主人说明什么问题？

材料二 诉讼案（二）

被告：魏峻。

原告：其弟魏峤。

缘由：魏峻因饮博欠债，未经母亲李氏和兄弟允许自立契出典家中田产，购田者，与牙人并皆知此情况，公然与之交易。

判词：违法交易条，钱没官，业还主。

——整理自［南宋］《名公书判清明集》

设问：阅读材料二，你能从中获得哪些历史信息？

材料三　释其耒耜（指农具）而游于四方，择其所乐而居之。

——［北宋］苏轼《策别安万民三》

（仁宗）景祐元年（1034年），政府规定商人、佃农、奴婢均为编户齐民（齐，等也。无有贵贱，谓之齐民）。

——郭尚武《两宋良贱制度的消亡及其影响》

（通过引入诉讼案，巧妙地把艰涩的理论生活化，学生能够在通俗易懂的史料中，得出历史的结论。）

过渡：经济基础决定上层建筑，社会进步的背后必然有经济的巨大发展。法国作家纪德说："借助芦苇的摆动我们才认识风，但风比芦苇更重要。"透过社会的巨变，我们一起来见证宋代经济的风起云涌。

第二篇章　繁华图景 新颜展

1. 通过指导学生自主探究，梳理完成农业、手工业变化的表现。进一步解读和认识商业的变化以及经济中心南移的影响。

2. 几组图片看繁华商业

（1）城市新变

材料一　凡市，以日午击鼓三百声，而众以会；日入前七刻，击钲三百声，而众以散。

——《唐六典》

材料二　夜市直至三更尽，才五更又复开张。如要闹去处，通晓不绝……冬月虽大风雪阴雨，亦有夜市。

——［北宋］孟元老《东京梦华录》

根据材料信息，引导学生分析宋代城市发展中的新突破。

（2）金融突破

材料一 每千文用铜三斤十两，铅一斤八两，锡八两，得钱千，重五斤。

——［南宋］马端临《文献通考》

材料二 （交子）贸百金之货，走千里之途，卷而怀之，皆曰铁（钱）不如楮（chǔ）（纸的代称）便也。

——［宋］杨冠卿《客亭类稿》

同时展示北宋交子、南宋会子、元朝"中统元宝交钞"图片，加深对"金融突破"的理解。

（3）市场扩宽

材料一 朝廷创置榷场以通南北之货……内足以专课息之源，外足以固邻国之好。

——［清］徐松《宋会要辑稿》

材料二 两宋先后在广州、泉州、明州、杭州、密州等12处设有市舶司……进出口货物达400多种，进口商品有香料、珍珠象牙、药材等，主要出口纺织品、金属及其制品、陶瓷品、茶叶等商品。

——齐涛《中国古代经济史》

同时展示一组宋代国内、边境及海外市场发展的图片，引导学生分析总结宋代市场的发展状况。

（宋代商业的发展是此时期经济发展的突出表现，设置城市、货币、市场三个视角解读，使学生的理解更加全面。通过多组图片的方式，展示经济发展的繁华图景，既能调动学生的兴趣，又能直观地获取历史信息，趣味性与实用性兼具。）

过渡：在多民族政权并立的背景下，榷场就像在历史的横切面中掀开了一角，让我们能看到各民族间的经济往来与交流。

3.通过材料，探寻榷场的历史作用

材料 宋辽两国商品互补能力很强，辽国除出产矿物和马匹之外，其他一切生活生产用品大都需进口，因此互市一开，边贸交易得到迅猛增长，成为两国所需商品的主要来源场所……互市榷场的建成，让宋辽双方都在贸易舞台上找到各自的利益……对宋朝而言，屈辱的同盟缔结，让宋、辽两国百多年间没有发生大规模征战。双边榷场的建立，使得中原文明与北方游牧民族开展了很好的交流和融合。

——许淑慧《宋辽"榷场"贸易考究》

设问：据材料概括榷场的作用。

（在众多类型的市场中，聚焦边境市场，引入材料让学生探究榷场在宋代经济发展中的作用，使学生明白在多民族政权并立的背景下，榷场的设置冲破了人为的障碍和政治上的分裂，在各民族之间形成了强有力的纽带。进行情感升华，让学生感受到：中华民族的发展是各族人民共同努力的结果，是华夏共融带来的中华共荣。）

4.透过不同的视角，分析经济重心南移

（1）南移过程

西晋末年永嘉之乱后，大批中原人口南渡，推动了南方的开发。而南方自然条件优越，蕴藏着巨大的开发潜力。

唐安史之乱后，中原人口大量向南方迁徙，南方经济发展取得进一步的成果。

材料　北宋时，户口分布南多北少的格局已经定型。大批人口南渡，出现"苏湖熟，天下足"的谚语，经济重心南移最终完成。

——张帆《中国古代简史》

（2）南移影响

①人口之变

材料　西汉初年，北方人口965万户，南方111万户。唐天宝年间，北方人口493万户，南方257万户。北宋（1080年）北方人口466万户，南方1035万户。南宋（1187年）北方人口679万户，南方1238万户。

——整理自钱穆《国史大纲》

②收入之变

材料一　江南东、西路，盖《禹贡》扬州之域……川泽沃衍，有水物之饶……而茗（茶）、冶铸、金帛、粳稻之利，岁给县官用度，盖半天下之

入焉。

——《宋史·地理志》

材料二　朝廷在故都（东京开封）时，实仰东南财赋……语曰："苏湖熟，天下足。"

——《陆游集》

③进士之变

材料一　（北宋）自进士科一并之后，榜出多是南人预选，北人预者极少。自哲庙（宋哲宗）以后，立齐、鲁、河朔五路之制，凡是北人皆别考，然后取人南北始均。

——［南宋］马端临《文献通考》

材料二　唐代有宰相524人，科举出身者为232人，《宋史》载宋代133名宰相中，由科举出身的达到123名，大大高于唐代。

——何忠礼《科举制度与宋代文化》

（通过多角度透视，可以帮助学生进一步理解经济重心南移的时间及其影响。经济重心南移恰是经济蓬勃发展的又一写照。）

过渡：宋代思想家朱熹说做学问要有"问渠那得清如许，为有源头活水来"的探究精神，顺着前两章从现象到原因的思路，我们继续进入第三篇章。

第三篇章　探本溯源 寻启示

1. 探原因。通过材料分析宋代经济繁荣的原因。

材料一　强有力的中央集权，不仅保证了两宋三百多年政治基本稳定，而且保证了封建国家机器有效运转，基本实现了整个社会的相对安定。

——程遂营《宋朝国家治理的得与失》

材料二　宋代经济管理出现了从统治到治理的转变，这种转变主要表现在治理者与被治理者之间出现平等自愿、共利互赢的关系，以及市场性政策工具特有的公开、公平竞争和订立契约，这具有划时代的意义。

——方宝璋《略论宋代政府经济管理从统治到治理的转变》

材料三　北宋北方地区形成以都城开封为起点通向各地的道路交通网，这些交通线对军事物资的运输、北方各区域市场的联系、南北物资的交流起到了极其重要的作用。

——宋姝瑶《北宋北方地区交通与经济发展研究》

材料四　宋与辽夏金各政权之间的经济往来十分密切，官方设置榷场进行互市交易，民间贸易也相当活跃。

——《中外历史纲要（下）》

设问：据材料分析宋代经济繁荣的原因。

（运用唯物史观，引导学生由表及里，逐渐深入地理解宋代经济的发展。通过材料设置，引导学生从政治、政策、交通及交流等方面概括宋代经济发展的原因，培养学生史由证来、言必有据的实证意识。）

2. 寻启示。通过史料实证，感悟这一时期的社会治理。

世界著名经济史学家冈德·弗兰克认为："11世纪和12世纪的宋代，中国无疑是世界上经济最先进的国家。自宋代以来，中国的经济在工业化、商业化、货币化等方面远远超过世界其他地方。"

由此可见，宋代的多个领域都是世界领先，领先的原因不仅有政局稳定、政策支持、民族交往交流和交融、内外交通发达，还有更加开放的科举教育、科技发明。这些世界领先都是民族自信和民族自豪感的源泉。

时过境迁，风云流散，曾经富饶的宋代已经成为过去，但中国的文明从未停滞。当年漫漫丝路上的船帆也已远去，可文明的交流从未中断，在21世纪的今天，我们实行更加积极主动开放的战略，"一带一路"跨越了文化的隔阂、民族的界限，延展成为深受国际欢迎、惠及人类的"幸福路"。历史是古老的，也永远年轻，它是最好的老师，忠实地记录下每一个国家走过的足迹，也给每一个国家未来的发展提供启示。今天的我们必将铭记历史，也终将超越历史。

【立德树人培养】通过本节课的学习，重在落实五大核心素养即唯物史观、时空观念、史料实证、历史解释和家国情怀。通过对辽宋夏金元时期农业、手工业、商业以及城市的新发展，认识到经济基础决定上层建筑。通过

商业城市的出现和城市分布图，海外贸易的发展路线以及经济重心南移，培养学生的时空观念、史料实证、历史解读等素养。通过了解宋元时期对外贸易的繁荣，理解坚持对外开放政策，合作、共享、共赢的合理性和必要性。分析辽宋夏金元时期的社会变化，认识当时我国经济与社会在世界上的领先地位，增强对中华文明成就的自豪感，理解民族交融对社会进步的作用。

第十二篇　辽宋夏金元的统治

设计意图

　　本课上承两宋时期的政治和军事政策，以及宋朝与北方少数民族的关系问题；下接辽宋夏金元时期所呈现出来的在经济、社会生活、文化等方面的新变化。本课学习任务主要有：辽与西夏、金朝入主中原、从蒙古崛起到元朝统一、元朝的民族关系等。基于以上分析，本课设计以"碰撞与交融"为主线，以"辽宋夏金元的统治"为标题，将本课内容整合为3个篇章，通过图片引领、视频点拨、问题导学等方式引导学生对琐碎的知识进行梳理和理解，如辽夏金元诸政权的建立、发展和相关制度建设的基本内容等。以史料研读、大讨论等方式引导学生认识北方少数民族政权在统一多民族封建国家发展中的重要作用。通过视频、图片、史学家和思想家的观点来激发学生学习的兴趣。努力达到自然渗透五大学科素养，即唯物史观、时空观念、史料实证、历史解释、家国情怀的目的。

　　学习目标

　　1.通过梳理辽、夏、金、元几个少数民族政权建立、发展的基础线索。探寻这一时期的历史发展趋势。培养学生的时空观念、历史解释、史料实证的能力。

　　2.学会分析图文史料，了解少数民族政权的制度建设状况。培养学生的历史解释能力。

3. 认识北方少数民族政权在巩固统一多民族国家的过程中发挥的作用，形成正确的民族观和对中华民族的认同感。培养学生的唯物史观、时空观念、历史解释、家国情怀等素养。

 **导入新课**

采用视频引入的方式，播放视频纪录片《中国通史》节选，通过视频吸引学生的注意力，并提出问题：少数民族政权取得了哪些辉煌的成就，又是如何在碰撞中融入多元一体的中华文明的呢？辽宋夏金政权并立，最终在元朝统治下实现大统一，逐渐构筑了"疆域、制度、民族"三位一体的大中国。让我们共同探究，从"大中国"的视角走进这一段历史。

 **整体感知**

第一篇章　疆域之大中国——政权并立
第二篇章　制度之大中国——民族交融
第三篇章　民族之大中国——多元一体

 **过程设计**

第一篇章　疆域之大中国——政权并立

1. 自主学习。引导学生自主梳理辽、西夏、金、元四个政权建立的情况，初步认识各政权的存续时间与疆域拓展的范围。

政权	民族	统治区域	存续时间	建立者	都城
辽	契丹			耶律阿保机	
西夏	党项			元昊	
金	女真			完颜阿骨打	
元	蒙古			忽必烈	

2. 图文历史。根据材料及当时我国疆域的版图，分析北方游牧民族内迁的原因，概括辽夏金元时期的发展趋势。

材料一　内迁的边疆民族建立的重要政权，即契丹人建立的辽朝，党项人建立的西夏……几大民族政权争锋抗立……正是伟大的迁徙运动开拓出民族生存的崭新天地，创造出中华大地广阔的家园。

——葛剑雄《地图上的中国历史·民族大迁徙》

材料二　展示三幅图：北宋、辽河西下时期疆域图，南宋、金和西夏时期图，元朝建立图等。

指导学生分析这一时期的时代特征，这是一个政权并立与民族交融的时代，是少数民族不断拓展疆域的时代，也是一个不断走向统一的时代。

（设计意图：以地图的形式直观地向学生展示这一时期的变化，引导学生在疆域等方面对这一时期的历史发展趋势进行推理，让学生进一步理解少数民族政权拓展了祖国的疆域以及统一是历史发展的必然趋势。）

这一时期金戈铁马下开拓疆域万里，政权并立中孕育华夏统一，元朝以后再无分裂。这是中国历史上一个重要的转折点，也是多元一体的中华文明发展的里程碑。

过渡：对于契丹、党项、女真、蒙古等少数民族政权来说，迁徙的过程不仅仅是开辟疆域的过程，更是制度建设的过程。

第二篇章　制度之大中国——民族交融

1. 初识辽、夏、金的政治制度，完成辽、夏、金制度建设表。

政权	制度建设
辽	
西夏	
金	

2. 再识制度特色，从材料中分析特色。

材料一　契丹……官分南北，以国制治契丹，以汉制待汉人……北面治宫帐、部族、属国之政，南面治汉人州县、租赋、军马之事。因俗而治，得

其宜矣。

——［元］脱脱《辽史·志第十五·百官志一》

材料二　胡人之官，领番中职事者皆胡服，谓之契丹官，枢密、宰臣则曰北枢密、北宰相。领燕中职事者，虽胡人亦汉服，谓之汉官，执政者则曰南宰相、南枢密

——［北宋］余靖《武溪集校笺·契丹官仪》

设问：材料反映了辽朝的哪一项政治制度？这一制度有何特点？产生了什么效果？

从辽的历史发展来看，"因俗而治"制度无疑是成功的，既可以使处在不同发展阶段的各民族在原有的基础上继续前进，又避免了划一制度可能带来的碰撞和矛盾，有利于社会的稳定，也有利于民族之间的交往。

在这诸多政权之中，元朝的疆域要比辽、夏、金的更广阔。《元史·地理志》中记载："地北逾阴山，西及流沙，东尽辽左，南越海表。"在管理的过程中，会面临哪些问题呢？面对疆域辽阔、信息传递时间长、民族成分复杂、地方难以管理的问题。假如你是元朝的统治者，你会采取哪些措施来巩固统治呢？出示元朝的制度建设表，指导学生自主完成。

元朝的制度建设	
中央	
地方	
边疆管辖	
交通运输	
民族管理	

元朝共设10个行省。地区还设置了宣政院、巡检司等机构进行治理，在辽阔的疆域内构筑了一个制度之大中国。元朝的行省制度是我国省制的开端，元朝的行省制度也别有特点。我们通过一则材料展开探讨。

材料一　蒙古占有金地后，也仿金朝实行行省制度，如燕京行省等，全代称行尚书省，元世祖时，将尚书省并入中书省，故称行中书省。起初也是中央临时派出机构，后因军事征伐时间很长，逐渐形成定制，其职能也由只管军事变为兼及民政。行省从都省派出机构逐渐演变为地方最高行政机构。

——邹逸麟《从我国历史上地方行政区划制度的演变看中央
和地方权力的转化》

材料二　中书省模仿唐宋旧制。行省则按照燕京、别失八里和阿姆河三"断事官"模式建立。元代行省权力较重，军国大事无所不辖。行省职能上主要为中央收权，兼替地方分留部分权力，行省所握权力大而不专。行省区划以中央军事控制为目的，人为地造成犬牙交错和以北制南……行省制下几乎没有大的反叛。

——李治安《元史十八讲》

材料三　行省制是秦汉以来郡县制中央集权模式的较高级演化形态。行省也是蒙元帝国留给后世的重要遗产。

——李治安《行省制度研究》

设问：通过上述材料，你认为元朝行省制有哪些特点？

从权力分配看，集权与分权的中枢，受中央节制。从统辖区划看，打破了"山川形便"，犬牙交错，以北制南。从地位上看，承前启后，是地方行政制度的重大变革，开启了省制之先河。

总结：少数民族之沙"每一粒都是多元一体的中华"，从东北到西北、从塞外到北国，来自游牧、绿洲、雪域高原的人群，一方面学习先进的中原制度，另一方面又保留了自己民族的特色，他们在继承中变革，在因袭中发展。这种继承和发展为中华民族注入了新鲜血液，也带来了民族之间的一次大交融。

第三篇章　民族之大中国——多元一体

1. 发展中的"多元一体"。通过材料初步认识这一时期多元一体的特点。

材料一　许许多多分散孤立存在的民族单位，经过接触、混杂、联结和融合，同时也有分裂和消亡，形成一个你来我去、我来你去，我中有你、你中有我，而又各具个性的多元统一体。

——费孝通《中华民族多元一体格局》（修订版）

材料二　多元文化体系内的交流影响，并不局限为先进文化影响落后文化的单向变动。蒙古、汉地、回回、吐蕃文化在多元竞争中不断吸收外部有益营养，最终成长为中华民族和文化共同体的五大组成部分之一。

——李治安《元史十八讲》

材料三　宋元时期，封建社会进一步发展。其中也有一个重要的标志，就是广大边疆地区进入封建化……事实证明，每当进入一个新的历史阶段，总是有少数民族的发展，总有少数民族献出了力量，做出了贡献。

——白寿彝《中国通史》

2.感悟"中国认同"。通过"少数民族眼中的中国"进一步感悟中华民族共同体的形成。

材料一　（辽）道宗曰："吾修文物，彬彬不异中华。"

——［南宋］洪皓《松漠纪闻》

材料二　"懂礼即中国"等汉儒学说和理论，金人虽然援引"中原即中国"自称"中国"，但他们并没有将辽、宋排除到"中国"之外。作为分立对峙政权，他们承认辽、宋、金分别是各自独立的不同政权，各有自己的国号，互为外国；但作为"中国"，他们又认为辽、宋、金都是"中国"。

——赵永春《试论金人的"中国观"》

【立德树人培养】

金戈铁马、政权并立与长久和平、走向统一并存，继承了祖先们的梦想，也颠覆了他们的传统。他们共同缔造了多元一体的中华文明。

菩萨蛮

三百余载光阴飞逝，辽夏金元四朝纵横。

开拓疆域万里，是非成败皆虚名。

南北面官，因俗而治，

猛安谋声，和而不同。

修驿道，建骚站，惊世创举设行省。

中洲万古英雄气，也往阴山敕勒行。

契丹党项，女真蒙古，兄弟情深大交融。

生生不息，多元一体，中华文明永传承。

附：第15篇 《辽宋夏金元的文化》（教学案）

学习目标

1. 通过阅读史料和教材文本，提取史料信息，归纳儒学复兴背景和理学家的主张，学生能够增强实证意识，领会理学家所倡导的社会责任感、使命感、民族气节，有利于中华民族优良传统的形成，树立正确的价值观。

2. 通过文字、音频、视频等资料，学生能够通过品鉴优秀的文学艺术成果，领会其艺术特色，进而了解此时文化产生的特定时空，体会一定时期的思想文化是一定时空的特有产物。

3. 关注辽宋夏金元时期领先世界的科技，帮助同学们树立对国家和民族文化的认同感和自豪感，树立文化自信。

4. 通过了解少数民族文字的多元性，认识少数民族在大一统国家中的贡献，树立正确的民族观和国家观。

教学重难点

教学重点：程朱理学

教学难点：理解辽宋夏金元的文化的新变化

【学习过程】

一、信仰重塑焕生机——儒学的复兴

1. 危机·背景

阅读教材和史料，归纳儒学复兴的背景。

材料一

<pre>
    春秋   隋朝
    战国   两汉   唐朝   宋朝
  ●————————————●————————————●————————————●————————→
    产生
</pre>

料二 五代之乱，君不君，臣不臣，父不父，子不子，至于兄弟、夫妇，人伦之际，无不大坏，而天理几乎其灭矣。

——［北宋］欧阳修《〈新五代史·一行传〉序》

材料三 （唐代）《五经正义》完成了五经内容上的统一，此后，注释儒经必须以此为标准，不许自由发挥。颁布后直到宋初，实行三百年之久。

——《中国通史》纪录片

2. 重塑·内涵

（1）合作探究一：阅读材料并结合教材，归纳理学的主张。

材料一 宇宙之间，一理而已……天得之而为天，地得之而为地，凡生于天地之间者，又各得之而为性。其张之为三纲，其纪之为五常，盖皆此理之流行，无所适而不在。

——［南宋］朱熹《晦庵先生朱文公集》

材料二 天理人欲，不容并立……天理存则人欲亡……遏人欲而存天理。

——［宋］黎靖德《朱子语类》

材料三 程子谓：今日格一件，明日格一件，积习既多，然后陀然自有贯通处。一事不穷；则阙了一事道理，一物不格，则阙了一物道理。

——［宋］黎靖德《朱子语类》

（2）课堂讨论：何为儒学的复兴？结合所学知识，谈谈你的理解。

3. 生机·影响

阅读材料，概括程朱理学的影响。

材料一 嘉定十三年（1220年），南宋朝廷赐谥程颢为"纯公"、程颐为"正公",随后朱熹被追封为徽国公,这是朝廷通过肯定理学家来肯定理学的正统地位,将其确立为官方正统哲学。

元仁宗(1313年)诏定以朱熹的《四书章句集注》为科举考试的主课,答题标准以程朱理学的解释为主。

——摘编自吕思勉《中国文化史》等

材料二　朱熹等创办书院,传播理学,合编"四书",作为蒙学读物,把儒家的理念传达到百姓中去。

——《理学大师:朱熹》

材料三

先天下之忧而忧,后天下之乐而乐。　　　　——［北宋］范仲淹

人生自古谁无死,留取丹心照汗青。　　　　——［南宋］文天祥

天下兴亡,匹夫有责。　　　　　　　　　　——［明］顾炎武

苟利国家生死以,岂因祸福避趋之。　　　　——［清］林则徐

二、雅俗共赏映时代——文学艺术

1. 宋词

阅读教材,结合材料回答问题。

(1)视角1:诗词对比,品鉴宋词特色

(2)视角2:宋词流派对比,品鉴宋词风格

2. 宋画:宋徽宗《芙蓉锦鸡图》赏析

3. 元朝文学的成就和特色

三、独领风骚泽后世——科技

1. 角度一:谈印象,宋元科技中哪些给你留下了深刻印象?

2. 角度二:论成就,依据教材,概括沈括、郭守敬、王桢的成就。

3. 角度三：悟影响，观看视频，感受中国古代科技的魅力。

四、多元共存润中华——少数民族文字

1. 观察思考：辽国、西夏和金国的文字分别有何特点？
2. 观察思考：蒙古族创制的文字有何特点？
3. 谈认识。

第二部分

历史教学
问题研究

第一篇 汉承秦制研究

寻寻觅觅：汉承秦制

《中国古代史》教材中"两汉政治经济制度"课后有一问答题："汉承秦制"主要表现在哪些方面？试举例说明。这道题对学生来讲有一定难度，有的甚至认为无从答起。那么，"汉承秦制"主要表现在哪些方面呢？

一、汉承袭了秦朝专制主义的中央集权制度

首先，秦朝确立至高无上的皇权。

全国的政治经济、军事、立法、司法、监察等各种权力都操于皇帝一人之手，实行君主一人专制独裁，"天下之事无小大皆决于上"，从中央的丞相到地方上的郡守、县令都由皇帝直接任免。汉朝建立后，承袭秦制，未有所改。

其次，汉承袭了秦朝实行的以丞相为核心的中央官制。

秦统一后，建立了一套以丞相为核心的中央官僚体制，其主要职官是丞相、太尉、御史大夫。丞相是百官之长，其职责是协助皇帝处理全国政务。所谓"相国、丞相，皆秦官，金印紫绶，掌丞天子，助理万机"。太尉，负责管理军事，"金印紫绶，掌武事"，为百官之长。御史大夫，其位次略次于丞相，是丞相的辅佐。《汉书·百官公卿表》："御史大夫，秦官，位上卿，银印青绶，掌副丞相。"在秦代，掌司法是御史大夫的主要职掌。御史大夫并不受制于丞相，而是直接受命于皇帝。西汉建立后，承袭秦制，虽略

有所改变，但在汉武帝以前的中央行政体制，基本上没有突破秦代模式。故有"汉承秦制"之说。只是在汉武帝时，中央官制出现了内朝与外朝的划分，皇权也进一步集中。

二、汉承袭了秦朝的郡县制

秦统一后，在全国范围内普遍推行郡县制。《史记·秦始皇本纪》云："二十六年……秦初并天下……今海内赖宗庙神灵一统，皆为郡县……分天下以为三十六郡。郡置守、尉、监。"后又在今河套地区建九原郡，在两广地区设南海、桂林、象郡三郡，共四十郡。郡下设县，《汉书·百官公卿表》："县大率方百里，其民稠则减，稀则旷，乡、亭亦如之，皆秦制也。"郡的最高行政长官为郡守。秦统一全国后，各郡均设守，以掌其民。《汉书·百官公卿表》曰："郡守，秦官，掌治其郡，秩二千石。"县的最高行政长官是县令、县长。《汉书·百官公卿表》："县令、长，皆秦官，掌治其县。万户以上为令，秩千石至六百石；减万户为长，秩五百石至三百石。"县制在秦代已基本定型，并成为两千年来我国封建社会的一种固定的地方行政区划。

汉朝建立后，实行郡国并行制。在楚汉战争中，刘邦为了分化项羽阵营，壮大自己的力量，曾经分封了一些"异姓王"。后来，他们的力量过大，威胁中央集权，刘邦便借故——减除。但在诛灭"异姓王"后，刘邦"惩戒亡秦孤立之败"，又陆续分封自己的子侄为王，共封了楚、齐、梁、赵、燕、代、吴、淮南、淮阴等九国。当时九个诸侯王的封地包括原东方六国的领土，只留下原秦国的旧土十五郡由中央直辖，并仍划分为郡、县两级。这种王国与郡县并存的体制，被称为"郡国并行制"。七国之乱平息后，汉景帝将王国封地收归中央，由中央派官员管理。至此，封国虽然名义上仍然存在，但封制与郡已基本相同。汉武帝解决王国问题后，汉朝逐渐形成了州、郡、县三级管理体制。

三、汉代承袭了秦朝的监察制度

秦代的中央监察机关称御史府，亦称御史大夫府、御史大夫寺。御史府之长是御史大夫，《汉书·百官公卿表》："御史大夫，秦官，位上卿，银印青绶，掌副丞相。"秦御史府中还设有御史中丞，直接辅助御史大夫监察百官。故《初学记·职官下》云："御史中丞，秦官也，掌贰大夫。"秦御史大夫位高权重，"掌副丞相"，他的首要任务是辅佐丞相总理国政，参与朝议，谋仪大略，朝廷每有大政，如立君、立嗣、庆典、祭祀等，丞相都要与御史大夫共同商议。所谓"议大政，必下丞相御史"。御史大夫作为御史府的长官，本职是"典正法度""举劾非法"。另外还掌管制诏和公卿奏章。御史中丞是御史大夫的主要属吏，御史中丞处于宫廷之中，随侍皇帝左右，是皇帝的近臣，因此位高权重，不仅监察朝廷及皇室，同时还负责监察百官公卿、主管公卿的奏章等。

秦始皇为了加强对地方各级政权的监督，在地方设置监察官员，称监郡御史或称监御史。《汉书·百官公卿表》："监御史，秦官，掌监郡。"秦统一后，在郡一级普遍设置了监郡御史，监郡御史隶属于御史大夫。其主要任务是掌监郡，代表皇权监察地方官吏。由此可见，秦朝已从中央到地方普遍设置御史司监察，并置御史大夫府为中央监察机构，这标志着秦朝以御史制度为主体的监察制度已经确立。

汉代的监察制度是与秦朝一脉相承的，但也有改革和发展。刘邦建立汉朝的统治后，为了维护封建地主的利益，加强封建专制的统治，他在秦朝官僚制度的基础上，在中央继续实行丞相、太尉、御史大夫为中枢职官的三公制官僚体制。中央的监察机构仍袭秦制：御史府之长——御史大夫是全国最高的监察官，又是"宰相之副，九卿之右"。御史大夫的副贰——御史中丞专掌纠察百官。在地方，汉高祖刘邦放弃了对地方的监察，《后汉书·百官志》："秦有监御史，监诸郡，汉兴省之。"致使地方吏治日趋腐败。汉惠帝三年（公元前192年），部分地区恢复了御史监郡制度。汉武帝时期，废除了监郡御史，并在公元前106年设立十三部刺史，驻地专司监察地方。《汉书·百官公卿表》："武帝元封五年初置部刺史,掌奉诏条察州,秩六百石,员十三人。"十三部刺史皆隶属于中央最高监察机关御史府,有御史中丞具体督管,在地方设有固定治所。十三部刺史的设置,表明中国古代封建国家的地方监察制度已趋于基本形成。

四、汉承袭了秦朝的官吏选任制度

秦和汉初官吏选任主要有察举与征辟。所谓察举,主要是中央与郡国长官定期或不定期地向皇帝推荐各种人才,如贤良方正、孝廉、茂材异等。大约十万人推荐一人,推荐后,由皇帝加以考试,然后任官。征辟,又分征召与辟举。征召是对全国特别有名望的人才,由皇帝派专人去聘任;辟举也叫辟除,是由中央或郡国长官对所辖部门或地区内有名望的人加以聘任,为自己的幕僚属吏。关于秦汉的选任制度,《史记》中说,叔孙通"秦时以文学征,待诏博士"。刘邦于公元前196年下诏:"贤士大夫,有肯从我游者,我能尊显之。"汉文帝时,下诏举贤良方正。汉武帝以后,又有秀才、孝廉之选。

另外,汉朝还承袭了秦朝的法律制度、赋税制度、官吏管理制度等。

第二篇　美国一战后的繁荣研究

浅析"柯立芝繁荣"的原因

第一次世界大战后，美国的经济得到了飞速的发展。这一时期恰巧在总统柯立芝当任期之内（1923～1929年），所以美国这一时期的经济繁荣又被称为"柯立芝繁荣"。那么，"柯立芝繁荣"的原因是什么呢?

一、美国在第一次世界大战中大发横财，扩张了经济实力，为"柯立芝繁荣"提供了物质基础

第一次世界大战是人类历史上的一次浩劫，却给美国的经济发展提供了机遇。战争初期，美国利用"中立"的有利地位，利用交战双方对军需物资的大量需求，充当双方的兵工厂，加速扩大军工生产和重工生产；此外，美国还在战争期间对英法贷款，并乘欧洲交战国在世界市场上竞争力减弱的良机，扩大工农业生产，进行商品输出。战争结束时，美国已从战前一个资本输入国变为资本输出国，由债务国变成债权国。到1924年，美国掌握的黄金总额已达世界黄金储存量的 1/2，控制了国际金融市场，战后资本主义世界的金融中心由英国移到了美国。这就大大加强了美国在资本主义世界中的地位，为更新生产设备，扩大生产规模，迅速发展生产提供了雄厚的资金，从而为经济繁荣奠定了基础。

二、技术革命是"柯立芝繁荣"最基本、最重要的原因

在第一次世界大战初期，美国忙于军工生产和重工生产，1917年4月参战后又忙于战争，所以无法顾及陈旧生产设备的更新，生产技术比较落后。战争结束后，美国靠在战争中积累下来的雄厚资金，并随着一些新技术的突破，出现了一场更新生产设备、扩大生产规模以及采用新技术的热潮。与此同时，美国还大力推行"工业生产合理化运动"。当时，该运动最有代表意义的就是泰罗制和福特制。早在19世纪80年代至90年代，年轻的工程师弗雷德里克·W.泰罗就着手研究工厂的科学管理，并发展成为一种理论。在这个理论成熟后的20世纪20年代初期，工商企业中几乎每一个部门都程度不同地接受了科学管理。所谓福特制，即采用装配线作业或流水线作业技术。这种技术先是在福特汽公司采用，由于能大幅提高生产效率，降低生产成本，所以在20世纪20年代初期被应用于许多工业部门。

美国垄断资产阶级还以加强工业部门的科学研究工作来推动经济的发展。战后，美国大企业都建立了自己的科研机构，1927年，据208个公司的报告，它们用于科学研究的经费总数近1200万美元。工业部门的科学研究工作的加强，推动了新技术在工业生产中的应用，促进了经济的迅速发展。

三、广阔的国内外市场刺激了经济的发展

第一次世界大战后，美国垄断资产阶级为了追逐高额利润，凭借其在一战中扩张起来的经济实力和欧洲各国战后经济尚未恢复之机，以及西欧各国在财政上对美国的依赖，夺取大量新的海外市场，实行资本和商品输出。一战后，美国以经济势力渗透取代了英国在加拿大的优势地位；在拉丁美洲，美国以"金元"外交、"大棒"政策，并打着"美洲是美洲人的美洲"的口号，排挤欧洲国家的资本，使加拿大和拉丁美洲成为美国垄断资本的主要投资场所。美国对欧洲发达的资本主义国家，则以帮助修复战争破坏为名，到处运用美元，推行"金元外交"。这样，美国的对外贸易和资本输出不断增长。

美国在夺取新的海外市场的同时，也注重扩大国内市场。在20世纪20年代，垄断资产阶级挖空心思，用五花八门的广告扩大宣传和赊购的办法来刺激汽车、住房及大件日用生活必需品的消费。

当时，建筑、汽车、电气工业并称为美国经济的三大支柱。第一次世界大战中，美国国内建筑业近乎停顿。战后，建筑工业迅速发展，产值从1919年的120亿美元，增长到1928年的近175亿美元。建筑工业的发展不仅开辟了就业途径，而且也促进了与其有关的其他工业的发展。在20世纪20年代，汽车工业成长为美国最大的制造业和最大的工业部，而汽车工业的发展又推动了钢铁、石油、化工、公路建设等一系列工业部门的发展。电气工业在20世纪20年代也发展很快，同样促进了美国这一时期的经济繁荣。

第三部分

学科素养与教材、教法研究

示例一　西汉的建立和"文景之治"

学习目标

1. 了解西汉的建立以及建立初期的社会状况。素养立意主要突出时空观念、史料实证和历史解释等。

2. 通过史料信息理解休养生息政策实施的原因，进一步分析休养生息政策带来的社会发展变化。素养立意主要突出史料实证、历史解释和唯物史观等。

3. 通过学习"文景之治"形成的原因及表现，感悟统治者的政策变化带来的影响，认识历史杰出人物在历史上的贡献。素养立意主要突出史料实证、历史解释、唯物史观等。

过程方法

学习任务一：西汉的建立

1. 刘邦是一个怎样的人？

（1）刘邦到咸阳后，约法三章："杀人者死，伤人者刑，及盗抵罪。余悉除去秦法。"

（2）刘邦在谈到为何能战胜项羽时说，张良、萧何、韩信都是人杰，我不如他们，但我能用之，所以取天下也。项羽有范增而不能用。

通过以上史料得出结论：刘邦注重减轻刑罚、收揽民心和重视用人。

2. 汉初社会状况是怎样的呢？

汉兴……民失作业，而大饥馑。凡米石（dàn）五千，人相食，死者过半……天下既定……自天子不能具醇（纯）驷，而将相或乘牛车。

——《汉书·食货志》

根据史料得出结论：西汉初期经济萧条，国家贫弱，残破荒凉，人口锐减，生活困苦。

学习任务二：休养生息政策

1. 什么是休养生息政策？

休养生息政策是指在战争或其他原因引起的大动荡之后，所采取的安定社会秩序、恢复生产、增加人口的措施。

2. 为什么要实行休养生息政策？

材料一

汉兴，接秦之敝（弊），诸侯并起，民失作业，而大饥馑。凡米石五千，人相食，死者过半。

——《汉书·食货志》

材料二

事逾烦天下逾乱，法逾滋而奸逾炽，兵马益设而敌人愈多。秦非不欲为治，然失之者，乃举措暴众而用刑太极故也。

——［西汉］陆贾《新语》

根据上述史料得出结论：一是汉初经济状况残破（社会不安定、人口减少）；二是吸取秦朝因暴政速亡的教训。

3. 休养生息政策的内容有哪些？

材料一　兵皆罢归家……令各归其县，复故爵田宅。

——《资治通鉴·汉纪三》

材料二　民以饥饿自卖为奴婢者，皆免为庶人。

——《汉书·高帝纪下》

材料三　高祖乃令贾人（商人）不得衣丝乘车。

——《史记·平准书》

材料四　令士卒从入蜀、汉、关中者皆复终身。

——《汉书·高帝纪下》

材料五　减田租，复十五税一。

——《汉书·惠帝纪》

根据材料得出结论，休养生息政策的主要内容有：还乡务农、释奴为民、鼓励农业、减轻徭役、减轻赋税等。休养生息政策使汉初的经济状况大为好转，经济得到恢复和发展，社会稳定。

4.汉高祖是一个怎样的帝王？

材料一　予观汉高祖及光武，及唐太宗，及我太祖皇帝，能一天下者四君，皆以不嗜杀人者致之，其余杀人愈多，而天下愈乱。

——［北宋］苏轼

材料二　人类历史上最有远见、对后世影响最大的两位政治人物，一位是开创罗马帝国的恺撒，另一位便是创建大汉文明的汉太祖刘邦。……刘邦却亲手缔造了一个昌盛的时期，并以其极富远见的领导才能，为人类历史开创了新纪元！

——［英］约瑟夫·汤因比

根据史料和所学知识能够得出：汉高祖是开国皇帝，中国历史上杰出的政治家、卓越的战略家和指挥家。

学习任务三："文景之治"

1.初识两位帝王

汉文帝刘恒（公元前202年～公元前157年），汉高祖刘邦第四子，西汉第五位皇帝。其为人宽厚，在政治上保持低调。公元前180年，吕后去逝，大臣迎立刘恒入京为帝，是为汉文帝。其庙号太宗，谥曰孝文皇帝。

汉景帝刘启（公元前188年～公元前141年），汉文帝刘恒第五子，西汉第六位皇帝。刘启在位16年，谥号"孝景皇帝"。他继承和发展其父汉文帝的事业，继续奉行"与民休息"政策，并削弱诸侯封地，平定"七国之乱"。

通过人物"扫描"，初步了解汉文帝、汉景帝的个性特征与历史地位。

2.再识两位帝王

（1）汉文帝

材料一　及孝文（文帝）即位，躬修玄默，劝趣农桑，减省租赋……惩恶亡秦之政，论议务在宽厚……吏安其官，民乐其业。

——［东汉］班固《刑法志》

材料二　夫农，天下之本夜班，其开籍田，朕亲率耕。

——《汉书·文帝纪》

材料三　故今兹亲率群臣农以劝之。其赐天下民，今年田租之半（三十税一）

——《汉书·文帝纪》

材料四　年八十已上，赐米人月一石，肉二十斤；酒五斗。其九十已上，又赐帛人二匹，絮三斤。

——《汉书·文帝纪》

材料五　文帝临终遗诏：死者天地之理，不必过哀，不许厚葬……

据此可知，汉文帝勤政爱民、率先垂范、重视农业生产、勤俭治国、减轻田租、以德化民等。

（2）汉景帝

材料一　农，天下之本也。黄金珠玉，饥不可食，寒不可衣……其令郡国务劝农桑，益种树，可得衣食物。

——《汉书·景帝纪》

材料二　汉景帝即位后，下诏准许缺少耕地的农户迁到耕地有余、水利条件好的地方。文帝和景帝进一步把田租降到三十税一，有的年份还下令免去田租。每逢灾荒之年，国家积极赈济灾民，开放皇家专有的山林池泽，保障民众温饱。他们还提倡勤俭治国，反对奢侈浮华。

——人教版《历史教师教学用书》七年级上册

材料三　汉兴，扫除烦苛，与民休息。至于孝文，加之以恭俭，孝景遵业，五六十载之间，至于移风易俗，黎民醇厚。

——《汉书·景帝纪》

材料四　太史公曰：汉兴，孝文施大德，天下怀安，至孝景，不复忧异姓。

——［西汉］司马迁《史记·孝景本纪》

据此可知，汉景帝勤政爱民、重视农业生产、关心民间疾苦、勤俭治国、减轻田租、以德化民等。

3. 文景之治

通过下列两则材料对比，西汉社会发生了哪些变化？

材料一　汉兴……民失作业，而大饥馑。凡米石（dàn）五千，人相食，死者过半……天下既定……自天子不能具醇（纯）驷，而将相或乘牛车。

——《汉书·食货志》

材料二　汉兴七十余年之间，国家无事，非遇水旱之灾，民则人给家足，都鄙廪庾皆满，而府库馀货财。京师之钱累巨万，贯朽而不可校。太仓之粟陈陈相因，充溢露积于外，至腐败不可食。众庶街巷有马，阡陌之间成群。

——《史记·平准书》

通过比较得出结论，汉初的社会状况是：饥寒交迫、人口锐减、粮食匮乏、国家贫弱等。经过文景之治后的西汉社会则是：生活富足、粮食充足、国家富强、马匹成群等。

历史上把汉文帝、汉景帝时期，这种政治清明，经济发展，人民生活安定的局面，称之为"文景之治"。

正如《汉书》所言："至于孝文，加之以恭俭，孝景遵业，五六十载之间，至于移风易俗，黎民醇厚。周云成、康，汉言文、景，美哉！"

示例二　北魏政治和北方民族大交融

02

 学习目标

1. 了解淝水之战的基本情况和北魏孝文帝改革的内容和意义。素养立意主要突出时空观念、历史解释、唯物史观、史料实证等。

2. 理解北方地区民族交往交流交融的特点、表现及意义。素养立意主要突出时空观念、史料实证、历史解释、家国情怀等。

3. 通过学习孝文帝改革和北方民族大交融，认识民族交融对中华民族发展的意义，增强对中华民族的民族认同感。素养立意主要突出时空观念、历史解释、家国情怀等。

过程方法

学习任务一：淝水之战

1. 战争状况

交战时间	383 年
交战双方	前秦　VS　东晋
交战地点	淝水（今安徽寿县）
领军人物	苻坚　VS　谢安
兵力对比	80 多万　VS　8 万
结果及影响	前秦败，东晋胜。前秦土崩瓦解，北方陷入分裂和混战状态

指导学生从表格中分析，这场战争的特点：以少胜多。进一步联系所学知识，以少胜多的战例还有巨鹿之战、官渡之战、赤壁之战等。

2. 战败原因及启示

材料一

大臣石越劝苻坚说："虽然我们现在兵多将广，但晋军有长江天险可守，我们未必能取胜。"苻坚笑道："以吾之众旅，投鞭于江，足断其流！"

——节选自《晋书·苻坚载记》译文

材料二

苻融哭着对苻坚说出自己最大的心事：鲜卑人、羌人、羯人布满长安附近一带，他们都是前秦的仇敌，大军一旦东下，关中会发生极大危险。

——王仲荦《魏晋南北朝史》

指导学生分析，从材料中可以看出，前秦失败的原因是什么？从中可以得出哪些有益的启示？

前秦失败的原因主要有：骄傲轻敌，狂妄自大，不听忠告；民心不齐，内部不团结；"退兵之策"不当。

战争的启示是做事要谦虚谨慎，虚心听取别人的忠告。战争的胜败关键在民心，团结一心是战胜困难的保障。

学习任务二：北魏孝文帝改革

1. 人物介绍

北魏孝文帝，又名元宏，中国历史上杰出的少数民族政治家、改革家。即位时仅5岁。在冯太后的教养下，深受汉文化影响，对祖母十分孝敬。24岁时，孝文帝开始亲政，着手推行汉化政策，移风易俗。

2. 改革前的形势

有利的内部形势：439年，统一北方，结束十六国以来长期分裂割据的局面。

有利的外部环境：内迁各族在生产、生活和习俗上，与汉族无明显区别（内迁各族与汉族民族交融加强）。

不利的保守传统：鲜卑族保留旧习俗，与汉族有很大的差异（统一治理难）。

由此可见，改革的目的就是移风易俗，学习和接受汉族先进文化。顺应民族交融的趋势。

3.改革内容分析

材料一

高祖初谋南迁，恐众心恋旧，乃示为大举，因以胁定群情。外名南伐，其实迁也。旧人怀土，多所不愿，内惮南征，无敢言者，于是定都洛阳。

——［北齐］魏收《魏书·李冲传》

材料二

高祖曰："自上古以来及诸经籍，焉有不先正名，而得行礼乎？今欲断诸北语，一从正音。年三十以上，习性已久，容或不可卒革；三十以下，见在朝廷之人，语音不听仍旧。若有故为，当降爵黜官。各宜深戒。如此渐习，风化可新。

——［北齐］魏收《魏书·咸阳王禧传》

材料三

（太和十八年十二月）壬寅，革（改革）衣服之制……（太和十九年）六月己亥，诏不得以北俗之语言于朝廷，若有违者，免所居官。

——［北齐］魏收《魏书·高祖纪下》

材料四

太和二十年（496年），改帝室拓跋氏为元氏。太祖以来的八大著姓，皆改为汉姓，丘穆陵氏改为穆氏，步六孤氏改为陆氏，贺赖氏改为贺氏，独孤氏改为刘氏……这即穆、陆、贺、刘、楼、于、嵇、尉八大贵姓。

——韩国磐《魏晋南北朝史》

根据材料可以归纳概括孝文帝的改革措施：迁都洛阳，移民中原；官员说汉语，禁用鲜卑语；以汉服代替鲜卑服；改鲜卑姓为汉姓；鼓励贵族与汉联姻等。改革的结果：促进了民族交融，增强了北魏的力量。

4.改革的启示

改革是社会发展的动力，是强国之举；改革不是一帆风顺的，有曲折和斗争；改革必须顺应时代要求（顺应历史发展趋势、善于学习先进制度）；

改革要讲求策略，意志坚定，不可急于求成。可以指导学生联系秦朝的商鞅变法加深理解改革的启示。

学习任务三：北方地区的民族交融

1. 交融的特点

北方地区的民族交融不断加强，主要表现在生产生活上，内迁各族，定居生活，从事农业生产，汉族学习畜牧，接受各族的食物、服装、用具。政治制度上表现为内迁各族，与汉族合作，实行君主专制制度；思想文化上表现为汉语成为北方主要的通用语言，西北民族的乐器、歌舞受到汉人喜爱；民族心理上表现为民族间隔阂与偏见逐渐减少。

2. 交融的影响

民族交融为中华民族注入新的活力，进一步丰富了中华民族的物质文化和精神文化，为隋唐时期多民族国家的繁荣与发展奠定了基础。

最后，帮助学生理解这一时期的时代特征，由统一走向分裂（分裂中孕育着统一的因素）。移民高潮，各民族之间的交往、交流与交融不断加强。

示例三 从"贞观之治"到"开元盛世"

03

学习目标

1. 知道"贞观之治"和"开元盛世"的形成及表现。素养立意主要在于时空观念、史料实证、历史解释等。

2. 知道唐朝兴盛的原因。素养立意主要在于史料实证、历史解释、唯物史观等。

3. 通过学习唐朝前期几位著名帝王的治国措施，体会"关注民生"才是强国之道，杰出历史人物对社会发展具有推动作用。素养立意主要在于唯物史观、史料实证、历史解释等。

过程方法

学习任务一：唐朝的建立与"贞观之治"

1.开国皇帝——李渊

唐高祖李渊，唐朝开国皇帝。618年，李渊建立唐朝，定都长安，并逐步消灭各地割据势力，统一全国。唐高祖为唐太宗的辉煌统治奠定了坚实的基础。

2.贞观之治——唐太宗

（1）治国思想

材料一

王珪曰："……亡隋之辙，殷鉴不远，陛下亲承其弊，知所以易之。然

在初则易，终之实难。伏愿慎终如始，方尽其美。"太宗曰："公言是也。夫安人宁国，唯在于君。君无为则人乐，君多欲则人苦。朕所以抑情损欲，克己自励耳。"

——［唐］吴兢《贞观政要》

材料二

唐太宗："为君之道，必须先存百姓，若损百姓以奉其身，犹割股以啖腹，腹饱而身毙。"

——［唐］吴兢《贞观政要》

材料三

贞观二年，太宗问魏征曰："何谓为明君暗君？"征曰："君之所以明者，兼听也；其所以暗者，偏信也。"

——［唐］吴兢《贞观政要》

根据材料可以看出，唐太宗的治国思想包括注重吸取隋朝灭亡的教训，坚持以民为本，勤于政事，善于用人，虚心纳谏，从善如流。

（2）治理措施

政治上，完善三省六部制；制定法律，减省刑罚；增加科举考试科目；严格考察官吏政绩等。

经济上，减轻人民的劳役负担，鼓励发展农业生产。

材料一

是岁（贞观四年）断死刑二十九人，几致刑措。

——［后晋］刘昫等《旧唐书·太宗纪下》

材料二

大唐贡士之法，多循隋制……其常贡之科，有秀才，有明经，有进士，有明法，有书，有算。

——［唐］杜佑《通典》

通过史料可以看出，唐太宗减省刑罚，增加科举考试科的目的和措施。

（3）治国效果

材料一

自贞观以后，太宗励精为理。至八年、九年，频至丰稔，米斗四五钱，马牛布野，外户动辄数月不闭。至十五年，米每斗两钱。

——［唐］杜佑《通典》

材料二

至贞观三年关中丰熟，咸自归乡……雅好儒学，孜孜求士，务在择官……商旅野次，无复盗贼，囹圄（指监狱）常空，马牛布野，外户不闭……行旅自京师至于岭表，自山东至于沧海，皆不赍粮，取给于路。入山东村落，行客经过者，必厚加供待，或发时有赠遗。此皆古昔未有也。

——［唐］吴兢《贞观政要·政体》

从材料中可以看出，贞观年间，社会状况发生了巨大变化，经济发展，政治清明，文教昌盛，国力增强，历史上称之为"贞观之治"。

学习任务二：女皇帝——武则天

1. 人物介绍

唐高宗时初为昭仪，后为皇后（655年至683年），尊号为天后，与唐高宗李治并称"二圣"。683年12月27日至690年10月16日，作为唐中宗、唐睿宗的皇太后临朝称制，后自立为武周皇帝（690年10月16日至705年2月22日在位），成为中国历史上唯一的女皇帝。

2. 治国措施

（1）打击敌对的官僚贵族。

（2）大力发展科举制，创立殿试制度（皇帝亲自面试）。

（3）减轻人民负担，重视农业生产。

3. 统治效果

经济发展，人口增长，边疆开拓。为"开元盛世"局面的出现奠定了基础。

学习任务三："开元盛世"

1. 人物介绍

唐玄宗李隆基是唐高宗与武则天之孙，唐睿宗李旦第三子，故又称李三郎，母窦德妃。先天元年（712年）至天宝十五年（756年）在位，因安史之乱退位为太上皇，是唐朝在位时间最长的皇帝，亦是唐朝极盛时期的皇帝。

2. 治国措施

（1）政治上：整顿吏治，裁减冗员。

（2）经济上：发展经济，改革税制。

（3）文化上：注重文教，编修经籍。

3. 治国效果

政治稳定，经济繁荣，国库充盈，人民生活安定，国力强大，进入鼎盛时期，历史上称为"开元盛世"。

【史料实证】

材料一

开元初，上留心理道，革去弊讹。不六七年间，天下大理，河清海晏，物殷俗阜，安西诸国悉平为郡县。自开远门，亘地万余里。入河湟之赋税，满右藏；东纳河北诸道租庸，充满左藏。财宝山积，不可胜计。四方丰稔，百姓乐业。户计一千余万，米每斗三钱。丁壮之夫，不识兵器。路不拾遗，行不赍粮。

——〔北宋〕王谠《唐语林·夙慧》

材料二

至（开元）十三年封泰山，米斗至十三文，青、齐谷斗至五文。自后天下无贵物，两京米斗不至二十文，面三十二文，绢一匹二百一十二文。东至宋、汴，西至岐州，夹路列店肆待客，酒馔丰溢。每店皆有驴赁客乘，倏忽数十里，谓之驿驴。南诣荆、襄，北至太原、范阳，西至蜀川、凉府，皆有店肆，以供商旅。远适数千里，不持寸刃。二十年，户七百八十六万一千二百三十六，口四千五百四十三万一千二百六十五。

——〔唐〕杜佑《通典·食货七》

　　杜甫的一诗《忆惜》更为我们勾画出全胜的场景，"忆昔开元全盛日，小邑犹藏万家室。稻米流脂粟米白，公私仓廪俱丰实"。

　　通过本节课的学习，理解认识唐太宗、武则天、唐玄宗展现的是励精图治、以农为本、善于用人的典范，这也正是唐朝繁盛的重要原因。

示例四 唐朝的中外文化交流

学习目标

1. 了解遣唐使、鉴真东渡、唐与新罗的交往、玄奘西行等史事，认识这些历史事件的地位和意义。素养立意主要突出时空观念、史料实证、历史解释等。

2. 通过文献史料，获取有效历史信息，感知中外文化交流的发展状况。素养立意主要突出史料实证、历史解释等。

3. 分析唐朝出现频繁对外交往高潮的主要原因，培养学生分析问题的能力；通过学习历史人物不畏艰险、百折不挠的精神，感受开放交流、兼容并包对于国家发展的重要作用，培养家国情怀。素养立意主要突出唯物史观、史料实证、历史解释、家国情怀等。

过程方法

学习任务一：遣唐使

1. 何为遣唐使

日本政府派遣使节到唐朝学习的使团。

2. 遣唐使的主要任务是什么

材料

大唐国者，法式备定，珍国也，常须达。

——《日本书纪》

遣唐使的主要任务就是学习唐朝的先进制度。

3. 对日本的影响有哪些

材料

从公元7世纪到9世纪，日本先后20次派遣唐使……四艘船至少有600人，但是最终能侥幸抵达中国的，可能只有150余人，少则两百人，多则五六百人……

——日本奈良《大唐遣唐使展》

遣唐使把唐朝先进的制度、天文历法、文字、典籍、书法艺术、建筑技术等传回日本，对日本社会产生了深远的影响。

4. 历史启示

善于学习先进制度。不畏艰险，要敢于积极进取。

材料

贞观五年，遣使献方物。太宗矜其道远，敕所司无令岁贡，又遣新州刺史高表仁持节往抚之……开元初，又遣使来朝，因请儒士授经。诏四门助教赵玄默就鸿胪寺教之，乃遗玄默阔幅布以为束脩之礼……天宝十二年，又遣使贡。上元中，擢衡为左散骑常侍、镇南都护。贞元二十年，遣使来朝，留学生橘逸势、学问僧空海。元和元年，日本国使判官高阶真人上言："前件学生，艺业稍成，愿归本国，便请与臣同归。"从之。开成四年，又遣使朝贡。

——［后晋］刘昫等《旧唐书·东夷·倭国》

学习任务二：鉴真东渡

1. 人物介绍

唐代高僧，亦称"过海大师""唐大和尚"。俗姓淳于，今江苏扬州人。自幼出家，矢志不渝，六次东渡弘扬佛法，于754年到达日本。鉴真被尊为日本律宗初祖。

2. 东渡目的

弘扬佛法，传播中国文化。

3.东渡影响

传授佛经，传播中国文化，为中日文化交流做出了杰出贡献。

4.人物精神

矢志不渝，百折不挠，坚定理想信念。

学习任务三：唐与新罗的关系

1."新罗"是哪里

新罗是朝鲜半岛历史上的国家之一。新罗统一后，以唐朝诸侯国自居，往往会冠以唐朝国号作为全称，如"有唐新罗国""大唐新罗国"等。

2.如何交往

（1）派使节和留学生到唐朝学习。

（2）许多商人到中国经商。

（3）新罗借鉴唐朝制度，用科举，引入唐朝科技成就。

（4）朝鲜音乐传入中国。

3.交往特点

（1）新罗物产居唐朝进口首位。

（2）双向交流，互学互鉴，兼收并蓄，共同发展。

学习任务四：玄奘西行

1.人物介绍

唐代著名高僧，被尊称为"三藏法师"，后世俗称"唐僧"，我国佛教四大佛经翻译家之一，中国汉传佛教唯识宗创始人。

2.西行路线

贞观元年（627年），玄从长安出发。他经过玉门关、新疆，又过中亚地区的阿富汗、巴基斯坦等地，历尽千辛万苦，到达印度。

3.突出贡献

（1）为中国佛教的发展做出重大贡献。

（2）留下文献《大唐西域记》，是研究中外交流史的珍贵文献。

4.玄奘西行遇到了哪些艰难？在他身上展现出哪些优秀品质？

艰难：环境恶劣，缺少水源，缺衣少食，山川沟壑，路途遥远，长途跋涉等。

精神：不畏艰险，百折不挠，大无畏的精神等。

材料

贞观初，随商人往游西域。玄奘既辩博出群，所在必为讲释论难，蕃人远近咸尊伏之。在西域十七年，经百余国，悉解其国之语，仍采其山川谣俗，土地所有，撰《西域记》十二卷。贞观十九年，归至京师。太宗见之，大悦，与之谈论。于是诏将梵本六百五十七部于弘福寺翻译，仍敕右仆射房玄龄、太子左庶子许敬宗，广召硕学沙门五十余人，相助整比。

——［后晋］刘昫等《旧唐书·方伎·僧玄奘》

通过本节课的学习，要从时空上了解，唐朝对外交往的史事，唐朝与日本的交往、唐朝与新罗的交往、唐朝与印度的交往，这些交往或是政府间的，或是民间的，但都展现了唐朝的盛世与繁荣。从鉴真、玄奘身上展现的是不屈不挠、勇往直前、勇于奉献的精神，同时也感受到唐朝文化的先进性和强大的吸引力。

示例五　蒙古族的兴起与元朝的建立

学习目标

1. 了解蒙古灭西夏与金的过程。素养立意突出时空观念、历史解释等。

2. 知道辽宋夏金元时期是民族政权并立的时期，也是民族政权由并立到实现全国统一的时期。素养立意突出时空观念、唯物史观等。

3. 通过分析元朝统一全国的意义，体会元朝统一对中华民族进一步交融的重要意义。素养立意突出历史解释、史料实证、家国情怀等。

4. 认识中华民族共同体的形成是中国历史发展的必然结果，树立正确的中华民族历史观。

过程方法

学习任务一：成吉思汗统一蒙古

1. 人物介绍（早年经历）

9岁，父亲被仇敌毒死，孤儿寡母被部落亲朋抛弃。

16岁，羊马被偷走，在密林中待了9天躲避仇敌追杀。

28岁，经历了一生中60余场战争中唯一一次战败。

2. 蒙古族

活动区域：原先活动在大兴安岭北段，后来向西迁徙，进入草原。

生活特点：善于骑射，过着游牧生活，部落间战争不断。

在蒙古族的历史文献《蒙古秘史》中，对12世纪的蒙古草原有这样的描述：

　　　　有星的天旋转着，

　　　　众百姓反了，

　　　　不进自己的卧内，

　　　　互相抢掠财物。

　　　　有草皮的地翻转着，

　　　　全部百姓反了，

　　　　不卧自己被儿里，

　　　　互相攻打。

3.统一蒙古

1206年完成了蒙古草原的统一，建立了蒙古政权，被尊称为"成吉思汗"。

学习任务二：元朝的统一

1.统一的过程

（1）1227年，西夏灭亡。

（2）1234年，金朝灭亡。

（3）1276年，南宋灭亡。

（4）1271年，忽必烈定国号为元，定都大都。

（4）1279年，元军击败南宋余部，完成统一。

2.元朝的建立

材料　中统元年春三月戊辰朔，车驾至开平……辛卯，帝即皇帝位……（五月）丙戌，建元中统，诏曰："……稽列圣之洪规，讲前代之定制。建元表岁，示人君万世之传；纪时书王，见天下一家之义。法《春秋》之正始，体大《易》之乾元。炳焕皇猷，权舆治道。可自庚申年五月十九日，建元为中统元年……"

　　　　　　　　　　　　　　　　——［明］宋濂等《元史·世祖本纪》

建立年号是中原正统王朝的重要标志之一。忽必烈在景定元年（1260

年）三月宣布即皇帝位，五月，宣布建元"中统"，遵用中原正统。反映了蒙古统治者对中华民族历史文化的认同。

3.定都北京

材料 定都邑以示形势。今日于此建都，固胜前日，犹不若都燕之愈也。燕都东控辽碣，西连三晋，背负关岭，瞰临河朔，南面以莅天下……夫燕云，王者之都，一日缓急便可得万众，虽有不虞，不敢越关岭、逾诸司而出也。形势既定，本根既固，则太平可期。

——［元］郝经《陵川文集·便宜新政》

忽必烈定都北京，这就将原蒙古政权的政治统治中心，大大地南移，从北草原向南到传统中原地区的北京。北京所具有的优越的地理位置和形势，为元朝实现统一，控制整个中国提供了有利的地理条件，对后来中国历史的发展，都具有深远的影响。

4.忽必烈的汉化措施

（1）接受"行汉法""行仁政""不嗜杀"的建议。

（2）"治国安民"，广开言路，整顿吏治，注重农桑。

（3）设立机构，建立年号。1271年，改国号为元。

材料 至元二年……衡（许衡，元朝理学家）乃上疏曰："……考之前代，北方之有中夏者，必行汉法乃可长久。故后魏、辽、金历年最多，他不能者，皆乱亡相继，史册具载，昭然可考。使国家而居朔漠，则无事论此也。今日之治，非此奚宜？夫陆行宜车，水行宜舟，反之则不能行；幽燕食寒，蜀汉食热，反之则必有变。以是论之，国家之当行汉法无疑也。"

——［明］宋濂等《元史·许衡传》

5.陆秀夫和文天祥

材料一 秀夫才思清丽，一时文人少能及之。性沉静，不苟求人知（矜持庄重，很少与人交往）。

……崖山（海南岛）抗元，不幸战败，驱妻、子入海后，即怀揣玉玺，负帝壮烈投海。

——［元］脱脱等《宋史》

材料二　辛苦遭逢起一经，干戈寥落四周星。山河破碎风飘絮，身世浮沉雨打萍。惶恐滩头说惶恐，零丁洋里叹零丁。人生自古谁无死，留取丹心照汗青。

——〔南宋〕文天祥

通过材料可以看出，陆秀夫和文天祥都展现了坚贞不屈的民族气节和视死如归的爱国精神。

元朝的统一，结束了我国历史上较长时期的分裂割据局面，为统一多民族国家的进一步发展奠定了基础。元朝的版图是我国历史上最大的，《元史·地理志》中记载："地北逾阴山，西及流沙，东尽辽左，南越海表。"元朝的统一推动了中华文明多元一体格局的扩展，奠定了"大中国"的文明基础。

示例六　宋元时期的科技与中外交通

学习目标

1. 了解印刷术、指南针、火药的发明、应用和外传。素养立意突出历史解释、时空观念等。

2. 认识古代科技创新中的重要价值以及对世界文明发展的贡献。素养立意突出史料实证、历史解释、家国情怀等。

3. 了解这一时期中外交通发展的情况，认识宋元时期对外交流的地位。素养立意突出唯物史观、时空观念、史料实证、家国情怀等。

4. 通过学习古代科学家勤于探索、坚持不懈、勇于创新的精神，中国古代科技发展与发达的中外交通对世界文明进步做出的重要贡献，激发学生的爱国主义情怀和民族自豪感。重点突出史料实证、家国情怀等。

过程方法

学习任务一：活字印刷术的发明

1. 雕版印刷术

发明：隋唐时期。

发展：辽、宋、西夏、金。

缺点：刻版费工费时，刻好的版只能印一种书籍。

2. 活字印刷术

发明：北宋时期。

发明人：北宋毕昇。

制作方法：其法用胶泥刻字，薄如钱唇，每字为一印，火烧令坚。先设一铁板，其上以松脂、蜡和纸灰之类冒之，欲印则以一铁范置铁板上，乃密布字印。满铁范为一板，持就火炀之，药稍熔，即以一平板按其面，则字平如砥。

优点：效率高、省工省时，可重复使用。

材料　若止印三二本，未为简易；若印数十百千本则极为神速。

——［北宋］沈括《梦溪笔谈》

发展：元代，出现了木活字印刷，发明了轮转排字法；元代中期，出现了铜活字印刷。

传播：13世纪时，传入朝鲜，后来又传入日本、东南亚、波斯、欧洲。

影响：对人类文明的发展产生了重大影响。

学习任务二：指南针、火药的应用

1.指南针的应用

发现：古人发现磁石指南的特性。

雏形：战国，制成指南工具，称为"司南"。

制成：宋代人制成了罗盘即指南针

应用：北宋末年，中国的海船上，开始使用指南针。

传播：由阿拉伯人传到欧洲。

作用：有力地促进了世界航海事业的发展。

材料一

方家，以磁石磨针锋，则能指南，然常微偏东，不全南也。水浮多荡摇。指爪及碗唇上皆可为之，运转尤速，但坚滑易坠，不若缕悬为最善。其法：取新纩中独茧缕，以芥子许蜡缀于针腰，无风处悬之，则针常指南。

——［北宋］沈括《梦溪笔谈·杂志》

材料二

舟师识地理，夜则观星，昼则观日，阴晦则观指南针。

——［北宋］朱彧《萍洲可谈》

材料三

渺茫无际，天水一色，舟舶来往，唯以指南针为则。昼夜守视唯谨，毫厘之差，生死系矣。

——［南宋］赵汝适《诸蕃志》

2. 火药的应用

发明：唐朝时发明。

应用：唐末，火药开始运用到军事领域。

宋元时期，火药武器广泛运用于战争。

元朝，发明了火铳。

传播：13世纪传入阿拉伯，14世纪经阿拉伯人传到欧洲。

影响：对欧洲的火器制造和作战方式产生了巨大影响，推动了欧洲社会的变革。

材料

又造突火枪，以钜竹为筒，内安子窠，如烧放，焰绝然后子窠发出，如炮声，远闻百五十余步。

——［元］脱脱等《宋史·兵志》

马克思说："火药、指南针、印刷术——这是预告资产阶级社会到来的三大发明。火药把骑士阶层炸得粉碎，指南针打开了世界市场并建立了殖民地，而印刷术则变成了新教的工具，总的来说是变成了科学复兴的手段，变成对精神发展创造必要前提的最强大的杠杆。"

正如西方科学家坦普尔所说，如果没有从中国引进航海和导航的技术，欧洲绝不会有地理的大发现，哥伦布也不可能远航到美洲。如果没有从中国引进枪炮和火药，就不可能结束骑士时代。如果没有从中国引进造纸术和印刷术，欧洲可能要更长期地停留在手抄本的状态。

学习任务三：发达的中外交通

1.陆上交通发达

宋元时期的陆上交通有何特点？指导学生概括，并指出、说明。

（1）陆上丝绸之路成为通往西方的交通要道。

（2）建立驿站（供传递军事情报的官员途中食宿、换马的场所）。

（3）西达中亚、西亚和东欧，范围广。

材料一

元有天下，薄海内外，人迹所及，皆置驿传，使驿往来，如行国中。

——［明］宋濂等《元史·地理志》

材料二

急递铺是元代的官方邮递系统。每10或15、25里设一铺，置铺兵五人负责传递文书。传递速度规定为一昼夜400里，急件500里。

——张帆《中国古代简史》

2.海上交通发达

宋元时期的海上交通有何特点？指导学生概括，并指出、说明。

（1）海上交通形成多条航线：通往日本、高丽的航线；通往东南亚、印度的航线；通往阿拉伯、波斯湾、东非。

（2）中外交流进一步发展。中国的三大发明传入西方，西方的医药、天文等传到中国。

（3）双向交流、共同发展。

材料

海舶大者数百人，小者百余人，以巨商为纲首、副纲首、杂事，市舶司给朱记，许用笞治其徒，有死亡者籍其财……舶船深阔各数十丈，商人分占贮货，人得数尺许，下以贮物，夜卧其上。货多陶器，大小相套，无少隙地……

——［南宋］朱彧《萍洲可谈》

3.中外交通发达的原因。从材料中寻找答案。

材料一

唐中期后，吐蕃和陇右势力崛起，陆上丝绸之路阻断。北宋建立后，海

路成为对外贸易的重要选择，政府重视海外贸易，建立市舶司，鼓励中外商人贸易往来；造船业发达、指南针广泛运用，促进了航运业发展，与宋朝海上贸易的国家达50多个，开启了一段活跃繁荣的对外贸易历史。

——摘编自《论宋代的对外贸易》

材料二

元都于燕，去江南极远，而百司庶府之繁，卫士编民之众，无不仰给于江南。自丞相伯颜献海运之言，而江南之粮分为春夏二运。盖至于京师者一岁多至三百万余石，民无挽输之劳，国有储蓄之富，岂非一代之良法欤！

——[明]宋濂等《元史·食货志》

由此可见，宋元时期中外交通之所以有了较大发展，不外乎以下几点：统治者重视海外贸易，鼓励中外商人贸易往来，造船业发达，指南针广泛运用，等等。

宋元时期中外交通的发达，彰显了国家统一的力量，是政府重视的结果，是经济发展的结果，是科技带来的结果，发达的中外交通架起了一座发展的桥梁、友谊的桥梁，更彰显了中国对当时世界的巨大贡献。

示例七　清朝君主专制的强化

 **学习目标**

1. 了解清朝君主专制的措施，初步认识君主专制带来的弊端。素养立意突出时空观念、历史解释、史料实证等。

2. 知道清朝实行的闭关锁国政策及其带来的社会影响。素养立意突出唯物史观、历史解释、史料实证等。

3. 结合相关史事，认识清中叶以来清朝政治腐败、故步自封的表现。素养立意突出历史解释、史料实证、家国情怀等。

过程方法

学习任务一：军机处的设立

1. 议政王大臣会议

由来：努尔哈赤创建后金之初，由其子侄等宗室贵族贝勒共同议决军国大事，这就是议政大臣会议的雏形。皇太极时，逐步提高议政王大臣的地位，"议政王大臣会议"确立下来。议政王大臣都由满臣充任，拥有很大权力，因此一些贵族借此压制皇权。顺治帝时，将议政王大臣会议加以扩大，仍然没有撼动贵族操控实权的局面。

特点：议政王大臣会议权力很大，皇权都受到它的约束限制。

2. 南书房

由来：南书房位于乾清宫西南，本为康熙读书处，俗称南斋，是清代皇帝文学侍从值班的地方，被清代士人视为清要之地，以人之为荣。康熙十六年（1677年），康熙为与翰林院学士们研讨学问，吟诗作画，在乾清宫西南角特辟房舍以聚，名南书房。"择词臣才品兼优者"入内，称"南书房行走"。由于能入南书房者都是皇帝宠信之人，因此它是一个由皇帝严密控制的机构，后来军机大臣经常出旨行令，地位日重，直接为皇帝草拟谕旨和处理奏章，绕开了议政王大臣会议。

特点：皇帝的权力得到加强，议政王大臣会议权力削弱。

3. 军机处的设立

时间：雍正年间。

过程：初叫军机房，改名军机处，成为常设机构。

成员：皇帝的亲信。

地位：辅助皇帝最重要的中枢机构，军政大事完全由皇帝裁决。

职责：照旨拟文，皇帝审阅，送达执行。

影响：（1）议政王大臣会议名存实亡（乾隆帝时撤销）。

（2）军机处位高权轻。

（3）皇权至高无上，君主专制进一步加强。

【史料实证】

材料一

（军机大臣）只供传述缮撰，而不能稍有赞画于其间也。

——［清］赵翼《檐曝杂记·军机处》

材料二

军机处地处内廷，直接听命于皇帝，随时承旨，随时草诏办理，发出的诏旨不通过内阁，而是交兵部直接发出，称为"廷寄"，保密性强，办事效率高，成为皇帝加强统治的得力工具。它的出现，标志着中国封建专制统治已经发展到顶峰。议政王大臣会议形同虚设，终于在乾隆五十六年被取消。

——中国社会科学院历史研究所编写组《简明中国历史读本》

通过材料进一步了解军机处的发展变化，认识军机处的设立，标志着君主专制进一步强化。中国古代君臣关系经历了宋以前君臣"坐而论道"，宋

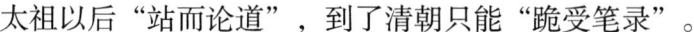
太祖以后"站而论道"，到了清朝只能"跪受笔录"。

学习任务二：文字狱与文化专制政策

1. 何为文字狱？

《中国大百科全书》将其定义为"清朝时期因文字犯禁或借文字罗织罪名清除异己而设置的刑狱"。

2. 案例分析，看本质。

皇帝	案例	事由	处罚结果
康熙年间	徐骏案	因诗"清风不识字，何故乱翻书"，被指有辱清朝。	斩首、抄家
雍正年间	查嗣庭案	因考题"维民所止"被指有辱圣上（雍正）为"诽谤大逆"。	满门抄斩
乾隆年间	胡中藻案	因诗"一把心肠论浊清"，被指侮辱清朝。	斩首示众，祸及师友

3. 案由：含有"明""清"字眼，捕风捉影，无中生有，构成冤狱。

4. 目的：为加强集权统治，巩固统治的需要。

5. 本质：文化专制政策。

6. 危害：摧残了人才，禁锢了思想。严重阻碍了思想、学术的发展和进步。不利于我国社会的发展和人才的进步。

材料一

清代文字狱，主要集中在前期，历顺治、康熙、雍正、乾隆四代君王，绵延一百三十余年。无论就时间之长，案件之多，还是规模之大，株连之广，花样之翻新，手段之残忍来看，在中国的封建时代，都是没有前例的。

——周宗岐《文字狱纪实》序

材料二

今人之文，一涉笔唯恐触碍于天下国家……人情望风觇（看，窥视）景，畏避太甚。见鳝而以为蛇，遇鼠而以为虎。消刚正之气，长柔媚之风。此于世道人心，实有关系。

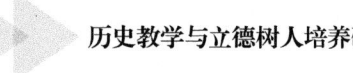

——［清］李祖陶《迈堂文略》

通过材料进一步认识文字狱的危害，加深对文化专制措施危害的理解。历史上还有哪些文化专制措施呢？秦朝的焚书坑儒，汉朝的罢黜百家、尊崇儒术，明朝的八股取士，等等。

学习任务三：不断加剧的社会矛盾

1. 官场腐败：三年清知府，十万雪花银。
2. 军纪败坏：八旗子弟，好逸恶劳，养鸟斗鸡。
3. 财政危机：国库空虚。
4. 社会危机：土地集中，贫富分化，流民遍野。

学习任务四：闭关锁国政策

1. 何为闭关锁国政策

指闭关自守，不与外界接触的一种国家政策。严格限制对外经济、文化、科学等方面的交流。

2. 为何实行闭关锁国政策

材料一

昨据尔（英）使臣以尔国贸易之事禀请大臣等转奏，皆系更张定例，不便准行。向来西洋各国及尔国夷商赴天朝贸易，悉于澳门互市，历久相沿，已非一日。天朝物产丰盈，无所不有，原不假外夷货币以通有无。

——［清］王先谦、朱寿明《东华录·东华续录·乾隆朝》

材料二

洋船至宁波者甚多，将来番船云集，留住日久，又将成一粤省之澳门矣。

——［清］梁廷枏《粤海关志》

材料三

浙民习俗易嚣，洋商错处，必致滋事。

——《清高宗圣训》

引导学生从材料中寻找答案。清政府无所不有，不需要对外贸易；害怕

对外交往会危及自身的统治。

3.闭关锁国的过程

（1）朱元璋为防沿海军阀余党与海盗滋扰，下令实施自元朝开始的海禁政策。

（2）顺治时期颁布"禁海令"，严厉限制海上贸易。

（3）清朝在台湾设立行政建制后（康熙帝时），开放宁波、漳州等地，作为对外通商口岸，并对出口的商品种类和出海船只的载重量做出严格限制。

（4）乾隆二十二年（1757年），乾隆帝以海防重地规范外商活动为理由，谕令西洋商人只可以在广东通商。由朝廷特许的"广州十三行"统一经营对外贸易。

通过材料，一方面可以看出清朝的闭关政策形成的过程；另一方面反映出明清以来对外政策发生的变化。明朝实行对外开放，清朝由严格限制海外贸易到只开放广州。对外政策由对外开放到闭关锁国。

4.闭关锁国政策的影响

材料一

南洋海禁之前，福建、广东一带的人民靠对外贸易生活，生活富足，社会安定。清初实行严厉的海禁，规定：出海商船所带的货物不能超过500石，只准带铁锅1口，每人只许带铁斧1把……外商不得在广州自由出入……凡外来的一切人员、船只、货物及纳税等事宜皆由政府委派的人员担保……海禁之后，人民生计阻断，许多以海外贸易为生的商人和渔民破产。

——人教版《历史教师教学用书》七年级下册

材料二

明朝以前，中国是当时世界经济、科学最发达的国家。但是，到1840年鸦片战争爆发时为止，中国人均粮食仅有200千克左右，美国已接近1000千克；中国年产铁约20000吨，不及法国的1/10，不及英国的1/40。中国的造船和航海业长期以来一直领先于世界，在清代也迅速衰落下去。往日出没于东南亚海面的中国船队，随之销声匿迹，为西方国家的船队所取代。中国的

127

科学技术，在明朝中后期与西方相比仍互有长短，但到1840年已全面落后于西方。

——人教版《历史教师教学用书》七年级下册

材料三

限制一口通商，不准外商与中国一般商人直接做生意，禁止在外洋私卖洋货及走私入口等规定，对以英国为首的西方国家的经济侵略与鸦片侵略，是有遏制作用的。

——人教版《历史教师教学用书》七年级下册

从材料中可以看出，虽然清朝的闭关锁国政策对西方的殖民侵略有一定的遏制作用，但限制了航海事业的发展，限制了中外经济文化交流，阻碍了学习世界先进文化和科学技术的机会，使中国逐渐落伍于世界历史的发展进程。

闭关锁国政策也给我们留下了深刻的启示，即开放则兴盛，闭关锁国则落后。我们必须坚持对外开放，善于学习交流，善于学习先进技术，加强友好合作。